思想觀念的帶動者
文化現象的觀察者
本土經驗的整理者
生命故事的關懷者

{ PsychoAlchemy }

啓程，踏上屬於自己的英雄之旅
外在風景的迷離，內在視野的印記
回眸之間，哲學與心理學迎面碰撞
一次自我與心靈的深層交鋒

Anteros ●————— A Forgotten Myth

被遺忘的愛神
神話、藝術、心理分析中的安特洛斯

奎格·史蒂芬森——著

周嘉娸——譯

孫雲平——審閱

導論
一段被遺忘的神話

這就是那孩子，愛神（Love）。愛正是
他的萬丈深淵：看哪，他無法和任何事物和
睦相處，在各方面與其作對的就是他自己。

　　　　　　　　　　──格維多（Quevedo），
　　　　　　　　〈定義愛神的十四行情詩〉[1]

---

[1]　格維多（Francisco de Quevedo, 1580-1645），巴洛克時期的西班牙著名作家。哈佛大學比較文學
　　教授克利斯多福（Christopher Johnson）在《格維多英譯詩選》（*Selected Poetry of Francisco de*
　　Quevedo），將〈定義愛神的十四行情詩〉（Soneto amoroso definiendo el amor, p385.）中的此段
　　詩句英譯如下：
　　This is the cherub Love, this his abyss.
　　See what amity he'd have with nothing,
　　contradicting himself in all things.

愛神的弟弟安特洛斯（Anteros）的神話，似乎在西元前四百五十年，當雅典人受到某些定義清楚的問題所困擾的時刻，就已在雅典具體成形。對於安特洛斯的敬拜儀式，最早期的藝術表現能追溯到雅典時期；然而現存對於其故事的演繹，大部分來自羅馬征服希臘之後才創作出來的文本。時至今日，安特洛斯的故事幾乎被世人所遺忘。我在本書中整理了希臘羅馬時期的斷簡殘篇，並循著橫跨許多世紀的軌跡、直到我們的世代，記錄下安特洛斯的神話曾在何時，以及是如何復甦的。

　　神話之所以激發我們的興趣，是因為它受到人類原始且共享的意義所加持，比起一則好的故事，神話文本更能深入人心。或許神話的生生滅滅並不那麼令人驚訝，因為在不同的故事重述與情境脈絡下，神話都有可能失去其整全性與重要性。然而，當有一則神話出現、消失、又再出現，一次次彷彿對抗著時間、主張著自身的重要意義，這其中究竟發生了什麼？神話是否不只具有意義，也具備著生命力與韌性呢？

　　在歷史之初的一則重要故事中，愛神厄洛斯（Eros）[2]一直無法從嬰兒狀態長大，他沮喪的母親阿芙洛蒂忒（Aphrodite）[3]找了她的姊妹泰美斯（Themis）[4]求助，這位深具智慧的泰坦巨神（Titan）[5]建議阿芙洛蒂忒，應該要與戰神阿瑞斯（Ares）生育第二位兒子安特洛斯，他將會反對但也同時強化厄洛斯，以友愛的手足競爭者身

2　厄洛斯（Eros），希臘神話中的愛神，羅馬名為邱比特（Cupid）。近代哲學與心理學中，亦以Eros指稱生之本能、愛慾或情慾。

3　阿芙洛蒂忒（Aphrodite），希臘神話中的愛、慾望與美之女神，羅馬名為維納斯（Venus）。

4　泰美斯（Themis），希臘神話中，掌管神聖秩序與自然律則的女神。

5　泰坦巨神（Titan）是奧林帕斯眾神之前的巨神族，是天空之神烏拉諾斯（Uranus）和大地之母蓋婭（Gaia）最早的孩子。

分，將他哥哥停滯的動能轉換到積極的方向。根據這則故事，泰美斯的處方發揮了作用：只要有安特洛斯在，他與厄洛斯就成長起來；要是安特洛斯缺席，他們就一同退化。

　　這樣的故事在今日能得出什麼意義？經典派的學者們對於大多數研究希臘神話的當代取向表示質疑，而欲將有關遠古希臘心靈的著作，侷限在古代文本所能讀出的那些意涵——但所能讀出的並不多。通常，精神分析和心理學的評論者會跳脫那些反對聲浪，讓老故事煥然一新，卻同時也輕率地普同化了故事中與特定文化緊扣的意象。爲了提供第三方的立場，妮可・洛勞（Nicole Loraux, 1990）[6]爲自己創造了「想像的歷史學家」（historienne de l'imaginaire）這種職業。與英文的想像 imaginary 一詞不同的是，法文名詞 imaginaire 並不必然隱含「虛構」或者「非現實」的含意；思想家像是巴舍拉（Bechelard）[7]、拉岡（Lacan）[8]、以及沙特（Sartre）[9]等人使用 imaginaire 來指稱源於意象（imange）的意識，而非源於感官經驗、或理智推論者。因此將勞洛對於其職業的概念，翻譯成英文當中「虛構的歷史學家（historian of the imaginary）」是種錯誤印象。她使用「imaginaire」一字所欲指涉的，是能夠釋放想像力，爲文化與社會開啓夢想以及詩意資源的基本力量。勞洛堅持，在探究一個希臘神話所伴隨之圖像群及其意義時，至少必須始於追問：該神話首次被人傳述之時，有什麼可能是關鍵的？當時發生了什麼事情，以及爲什麼會發生？

6　　Nicole Loraux（1946-2003），法國歷史學者，專攻古代雅典史。

7　　Gaston Bachelard（1884-1962），法國科學哲學家與詩人。

8　　Jacques-Marie-Émile Lacan（1901-1981），法國精神分析學家。

9　　Jean-Paul Sartre（1905-1980），法國存在主義哲學家。

跟隨勞洛的帶領，在第一章中，我會追溯安特洛斯到他在雅典衛城的古代祭儀場所。在那兒，膜拜者在非常特定的歷史情境當中，崇拜著一位發展完整的神祇，接著，他幾乎消失無蹤。不過令人好奇的是，他的傳說卻沒有在那裡終結。

　　第二章到第五章，我開始集合安特洛斯的簡史，揀選他在西歐文化不同情境和地理區域間斷出現的證據──無論是否有被指名道姓。他在這兒，在十七世紀羅馬的宮殿中，在一張被小心翼翼地藏在綠色簾幕之後、充滿挑釁意味的圖畫裡，他完全被兄長所擊敗，並刻意被從畫面中省略。他在這兒，在十八世紀巴黎庭院的喧鬧與幻滅中，朝著天堂，高聲叫喊與衝撞著。他在這兒，傾身向前、單腳顫顫巍巍保持著平衡，看來還比較像是他的前現代倫敦雕刻師的十五歲助手。把這些參考文獻與軼事放在一起看，或許我們才有可能開始學到，身為戰神之子、糾纏搏鬥的手足競爭，其適得其所的動力性質或力量。

　　從第六章到第八章，本書向前推演到當代情慾經驗，以及現代關於慾望的理論。首先，我在當今文化情境中尋找「安特洛斯式」（anterotic）的成份。舉例來說，我發現有藝術家採用創作神話（mythopoeic）的取徑：他們研究古希臘語言，在今日處處充斥著情慾的（erotic）文字圖象、但厄洛斯（身為超越人類極限的神）卻不見蹤影的情形中，找出可能的嶄新意義。於此同時，我也發現其他藝術家創造了「安特洛斯式」的場景，細數彷彿從安特洛斯故事而來的基本要素，卻渾然不知他們正在影射的對象。最後，我呈現佛洛伊德（Freud）[10]、拉岡、吉哈爾（Girard）[11]和榮格（Jung）[12]

10　Sigmund Freud（1856-1939），奧地利心理學家，創立了精神分析學派。

　　被遺忘的愛神：神話、藝術、心理分析中的安特洛斯

等思想家，將慾望（desire）安置於其精神分析以及社會心理學理論的關鍵核心的方式。他們都視慾望爲當代的核心問題和主要關懷，而對於如何療癒地論說此問題與關懷，他們每一位都有著不同的假設。

第九章的內容，呈現了我身爲榮格派分析師所執業的三個臨床案例，我對於安特洛斯的熟稔，如何形塑了與這三位案主的分析工作，並讓一些細微但重要的吉光片羽更具意義。否則這些時刻可能會遭到忽略、失去其臨床重要性，而對這幾位被分析者（analysand）有所不利。在他們的同意之下，我描述了這些歷程，但變更姓名及細節。我曾想像，最初必然有許多個傳說故事的匯集，才形塑了安特洛斯的神話。現在我發現，神話裡的安特洛斯對於這三則在診療室中被傾訴的故事，產生了意義深遠的貢獻。

一九○七年，當佛洛伊德五十一歲時，他向榮格坦承他夢想撰寫的不是另一篇《性學三論》（*Three Essays on Sexuality*），而是愛神厄洛斯的歷史：「（以常理來說）當我完全克服我的力比多（libido）[13]，」他寫道，「我應該提筆撰寫的是『人類的愛情生活』（Love-life of Mankind）。」（1907 年 11 月 19 日，佛洛伊德寫給榮格的書信）多年以後，八十歲的榮格著手撰寫自傳，他不談論厄洛斯，對此隻字不提：

> 在這類事物受到恰當理解的古希臘時期（classical times），厄洛

11　René Girard（1923-），法國社會學、歷史學與人類學家。
12　Carl Gustav Jung（1875-1961），瑞士心理學家與精神科醫師，創立了分析心理學。
13　力比多（Libido），又譯「原欲」，是精神分析的概念，意指性衝動。

斯被視為是其神性超越我們人類極限的神祇，因此無法以任何方式領會或呈現他。我可能和許多前人一樣，曾經冒險接近這位神靈的樣貌，他的活動範圍從無邊的天堂到黑暗的地獄深淵；但是在這個任務面前——找尋能適當表達無法勝數的愛之矛盾的語言——我遲疑了……於從醫經驗與個人生涯中，我一次又一次面對愛的神祕，卻從來未能解釋愛是什麼。就像約伯（Job）一樣，我必須「摀住我的嘴」。（榮格 1961, p.353）

　　一位男士坐著書寫他的厄洛斯傳說，另一位虔誠的以手摀口——將這兩個形象放在一起，本身已是閱讀及思考神話人物時的絕佳矛盾姿態。佛洛伊德因為在心理案例研究中自覺的精準用字、對於敘事文本充滿說服力的應用，使他獲頒歌德文學獎（the Goethe Prize for Literature）。另一方面，在二〇〇九年榮格的《紅書》（*Red Book: Liber novus*）發行之後，人們可以得知他在一九六一年的著作《榮格自傳：回憶・夢・省思》（*Memories, Dreams, Reflections*）實屬斷斷續續、共同創作的折衷之作，也突顯了榮格對此決口不提的程度。在他已出版的《作品集》（*Collected Works*）論文當中，他盡其所能的論述、以心理學來作分析；在《紅書》中，榮格則以文字及他偏好借以引發與召喚（invoke and evoke）的圖象，為後世守護其更加具有藝術性的實驗[14]。

　　我對於安特洛斯神話的詮釋，來自於身為榮格分析師和臨床工作者的觀點。榮格認為神話可以啟發哲學論述，但理論卻無法啟迪

14　《紅書》中涵蓋許多榮格親手繪製的曼陀羅或夢境意象作品。

神話。在此書中，我想嘗試以維科式（Vico-like）的口吻來推論榮格的觀點：論述能被人以回應神話的方式來書寫。根據義大利哲學家詹巴蒂斯坦·維科（Giambattista Vico）的觀點，神話的語言是原初的語言。而寓言（allegory）作為神話的解釋評論，賦予意義多於敘事，屬於次級的語言（secondary language）。在維科的三階段理論圖示（schema）當中，客觀的論述以及議論而來的歸納，是第三級語言（third language）。維科詳細圖示了文化如何延著這三階段的語言逐步移動，而非同時掌握三個層次的豐厚資源。當今社會明顯偏重第三階段議論性質的語言甚於另外兩種。在此書中，我為了隱喻與神話的原始基本語言，援引了大量第二階段語言的評論論述，或許可以將我的評論，視為安特洛斯神話和心理分析理論之間的橋樑。但是我希望讀者也思考另一種可能性：我的評論可能更適用於厄洛斯和安特洛斯的神話，而不在於提出關於厄洛斯和安特洛斯的理論。我經常回歸到榮格以手搗口的意象，這種姿勢表達的是因敬畏神話而引發的道德整體態度。無庸置疑，這是趨近任何神祇或者潛意識元素的好方法。

隨之而來的不是「人類愛情生活史」，也不是充滿敬意的沉默宣誓（如果我只認同於後者就不會有此書）。這些篇章試圖挪開已搗嘴夠久的那隻手，清楚喚回在情慾想像（erotic imaginaire）的歷史當中，一個微小、受人遺忘的要素。我不會提供天衣無縫、最終定論的史實，去細數安特洛斯作為發展演變中的情慾動能，從古希臘時期的孕育，到西歐文明連續數個年代的的成熟階段，直至當代它羽翼豐滿的安特洛斯式之愛（anterotic love）的具體展現。恰恰相反的，安特洛斯幾乎從未將自己置身於舞台中央，他充其量也只是間

歇地出現。我匯集了歷史文化中，哲學家、畫家、詩人們明確提及他的鮮明現身時刻，不過這本書無意窮盡關於安特洛斯的一切。舉例而言，我對於安特洛斯在文藝復興時期的評論只侷限於義大利，儘管文藝復興時期其他國家的藝術家，對此神話貢獻了特別重要的著作。同樣的，我也只聚焦於法國浪漫主義（French Romanticism）情境下的安特洛斯，而不涉及德國浪漫主義（German Romantics）。

在安特洛斯似乎不為人知地來來去去的那些場合，我也點出較直覺的可能情況；像是當藝術家或思想家刻劃了他隱約的現身及影響，卻沒有意識到要指名此現象的那些時刻。對於我將安特洛斯強加到這些變化多端的情況中，有些讀者可能會覺得困擾。我只能保證，我會清楚指出安特洛斯被指名的時刻，將此與那些我認為隱含著他但未被指名的時刻區隔開來。然而，讀者和觀眾對於表演總是賦予了超越作家或藝術家意識動機的詮釋，因此，並不需要安特洛斯被當場見證的情境，才足以被稱為「安特洛斯式（anterotic）」的。

我希望這件事會是顯而易見的：即便曾經受人遺忘或邊緣化，安特洛斯會在某些時刻，特別是在愛慾的場景顯現，彷彿是要充滿創造力的去對抗個人或集體情欲之窘境。安特洛斯每一次的具體顯現，都必須放在當時的歷史脈絡下，反映其特定情境。當瞥見其對立面的情慾他者（erotic alterity），人們會問：為何是此時？為何在此處？同時，安特洛斯所積累的歷史對抗著某物，我視之為其神話的重要性，倒不是將他的立場作為反向論點，而是視他的力道為相對應的份量。

最後，我採取泰美斯所啟發的安特洛斯觀點，以充滿療癒的方

式抵制我們自身的集體厄洛斯概念。人類從未像我們現在這樣，處
於以科技相連的「地球村」當中，體驗著如此龐大的與人溝通互動
的能力。隨之而來的是，我們可能也因為不知如何與人產生有意義
的連結，而承受等量的痛苦。在我們的時代，厄洛斯作為心靈的連
結特性讓人感到欠缺明顯特色，可以立刻被理想化，是令人嫌棄的
乏味老套，或許阿芙洛蒂忒女神會再一次向她的姊妹抱怨孩子的窘
境。不知道泰美斯會給出什麼建議？

圖 1.1 在兩位愛神陪伴下梳理頭髮的女人（可能是安特洛斯拿著鏡子、厄洛斯倚著弓箭）。西元前 70-60 年，義大利龐貝祕儀莊的濕壁畫。

攝影：Anderson

古希臘與羅馬的安特洛斯：
常駐的外來者

這些以及其他這類從希臘古早傳統收集而來的案例，儘管你巴布斯（Balbus）知道對抗他們的必要性，以便信仰敬拜儀式不致混亂失序，你的學派不僅沒反駁，還藉由提出每個案例中的意義解釋來肯定他們。

——西塞羅（Cicero），

《論眾神的本質》[1]

1　*The Nature of the Gods*，第 3 卷，頁 59。

在所有龐貝的廢墟當中，近郊的祕儀莊是最受到妥善保存、最美麗、卻也最不爲人所了解的。在山莊中一處寬廣空間，濕壁畫以眞人大小的人物圖像畫在鮮紅背景上。對於這些濕壁畫，最可能的詮釋是：此空間是可躺臥的用餐空間（triclinium），女人在此加入、成爲酒神戴奧尼索斯的敬拜者，壁畫呈現出關於加入酒神崇拜密儀事件的過程。沒有現存文獻能提供正確的詮釋答案，這些山莊圖畫也沒有眞相大白的考古紀錄。但是，這些西元前 70 至 60 年間的濕壁畫，證實了在之前的一個世紀由於禁止酒神節而遭到廢黜的酒神祕儀，於改革後又重新匯聚在義大利半島。

　　祕儀莊壁畫的第九幕（倒數第二幕），似乎描繪著剛結束祭拜儀式的劇碼、回歸日常生活的時刻。這位已入教的婦女端坐著，頭髮正由女僕梳理。愛神厄洛斯手中帶著弓箭從角落觀看；第二位愛神站在這位婦女跟前，舉著一面鏡子（圖 1.2）。當代評論家琳達（Linda Fierz-David, 1988）、諾爾（Nor Hall, 1988）以及吉列斯（Gilles Sauron, 1988），甚少提及這兩位「愛神」。他們的存在可能爲龐貝的入教者儀式劇碼帶來什麼意義？或許，他們是厄洛斯和他的兄弟安特洛斯。

　　安特洛斯可能始終是個謎，現存關於這位神祇可知的事件，幾乎只來自於少數幾位作家：西塞羅（Cicero，西元前 106～前 43 年）[2] 的《論眾神的本質》；鮑薩尼阿斯（Pausanias，西元 143～176 年）[3] 的《希臘風土誌》；尤納皮烏斯（Eunapius，西元 345～420 年）[4]

2　Marcus Tullius Cicero，西元前 106～前 43 年，古羅馬時代的政治家、哲學家與作家。

3　Pausanias，西元 143～176 年，古羅馬時代的希臘地理學家，著有《希臘風土誌》十卷。

4　Eunapius，西元 345～420 年，希臘哲學與歷史學家。

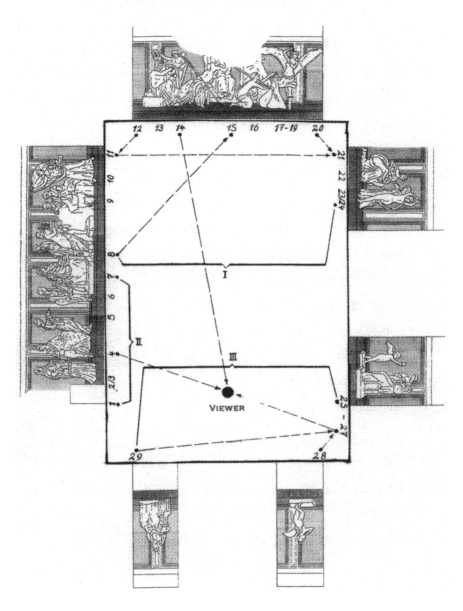

圖 1.2　祕儀莊壁畫各角色人物的示意圖，圖 1.1 位於此圖右下的角落
兩側。義大利龐貝。

©版權為龐貝文化遺產與活動部所有（Copyright © Ministero per I Beni e le Atti-
vita Culturali, Pompeii.）

的《辯士的生活》（*Lives of the Sophists*）；以及他的同期作家提米斯提烏斯[5]（Themistius），在其著作《演說辭》（*Orations*）中有完整論述。這份資料來源名單，無疑只能列出保存至今的文獻。此外，要是安特洛斯確實與神祕祭儀有關，有可能當時的人們所知甚多，卻很少紀錄下來。

就像在祕儀莊的這些羅馬圖像當中，有時候安特洛斯可能在場，卻幾乎難以和厄洛斯區辨。在其他地方，他可能完全受到忽略，像在《拉魯斯神話百科全書》（*Larousse Encyclopedia of Mythology.* 1959, 1968）這種關於古代神話的現代叢書當中，他就沒被提起過。不過，即使關於安特洛斯的古早記載被保留下來的非常稀少，現有的斷簡殘篇仍顯示，他曾經為人熟知、並在特定範圍具有影響力。

在鮑薩尼阿斯的十卷《希臘風土誌》當中，他報導了兩處為安特洛斯所設置的祭壇。第一座在雅典，似乎位於雅典衛城下方。鮑薩尼阿斯並未對此詳述，反而講起故事：

> 此城中的祭壇被稱為安特洛斯的祭壇，他們說這是長駐的異鄉人所供俸的，因為雅典人梅萊斯（Meles）藐視長駐的異鄉人提馬戈拉斯（Timagoras）的愛意，命令他爬上石頭最高處再從那跳下。當時提馬戈拉斯不顧自己的生命，已經準備好滿足這位青年的任何要求，因此他到石頭上並跳了下來。當梅萊斯看到提馬戈拉斯死去時，他滿腔悔恨悲慟，也從同一塊石頭一躍而下、結束生命。此後常駐的異鄉人崇拜安特洛斯，也就是提馬戈拉斯的復仇之魂。
>
> （鮑薩尼阿斯，《希臘風土誌》I,xxx,1）

5　Themistius，西元四世紀的希臘政治家、雄辯家與哲學家。

根據鮑薩尼阿斯的觀點，安特洛斯的現身是隱藏在梅萊斯的命運之中，就如同厄洛斯的手也隱身於提馬戈拉斯的命運裡。雅典衛城的祭壇，被興建來緬懷愛者—犧牲者（lover-victims）雙方，也用以表示對這兄弟神祇（brother-god）的敬畏（圖 1.3 a,b,和 c）。

但人類受苦於這位神祇外在形象的劇碼，又變得更複雜。鮑薩尼阿斯發現位於依利斯（Elis）的露天運動場，有著第二座安特洛斯的祭壇。祭壇就座落於緊鄰搏擊學校的室內體育館中，那裡有座浮雕刻劃著安特洛斯，石雕中厄洛斯的人像拿著棕櫚樹枝，而弟弟安特洛斯則試著要從他那兒把樹枝搶來（鮑薩尼阿斯，《希臘風土誌》，6,23,3&5）。

鮑薩尼阿斯呈現兩種似乎彼此對立的安特洛斯形象。在第一個形象裡，安特洛斯直覺上就是在愛情被輕蔑之後的復仇者，因此他與厄洛斯結為同盟：他以引人自殺的悔恨感來反擊梅萊斯對於提馬戈拉斯的冒犯，廣義來說，也就是對於厄洛斯的冒犯。但在第二幅

圖 1.3a

圖 1.3b

詳見下頁圖說內容

形象當中，安特洛斯似乎與厄洛斯為敵，與其兄長在體育場上搏鬥、爭取佔有棕櫚樹枝。

厄洛斯和他的弟弟，在尤納皮烏斯的著作《辯士的生活》書中一則軼事的自然情境裡，顯得較為溫和。哲學家楊布里科斯（Iamblichus）與他的門生來到敘利亞的戈達拉溫泉。當他在那泡澡時，當地人告訴他這兩處溫泉被稱呼為厄洛斯和安特洛斯。楊布里科斯施展魔咒，從一處溫泉召喚出淺髮色的厄洛斯、以及另一處溫泉裡他深髮色的弟弟，這兩人很快擁抱著楊布里科斯，就像是擁抱著父親一樣，直到他將他們送回各自的水中住所。尤納皮烏斯沒有對此段軼事提供任何解釋，不過在此，這兩處冒泡的泉水是如兄弟般互補的兩極：厄洛斯被認定成光明的，安特洛斯則屬於黑暗（圖1.4）。

有兩則關於安特洛斯家譜的額外細節，來自於西塞羅和提米斯提烏斯的想像。西塞羅在和建造祕儀莊差不多的同一時期，撰寫了

圖1.3　a,b,以及c愛神追逐著一位少年。雅典（皇家馬廄）。花瓶，480B.C.，花瓶畫師與陶藝師杜里斯（Douris）的作品。收藏於雅典國立考古學博物館。

圖 1.4　深髮色的安特洛斯和淺髮色的厄
　　　　洛斯。花瓶，西元前 470 年。
©版權為德國黑森州富爾達法聖瑞宮所有
（Copyright © Hessische Hausstiftung, Museum schloss Fasanerie, Eichenzell / Fulda, Germany）

他的研究《論眾神的本質》；（就當代學者所知）他是第一個認定
安特洛斯爲戰神阿瑞斯／馬爾斯（Ares/Mars）、和阿芙洛蒂忒／維
納斯（Aphrodite/Venus）之子的人：

　　　第一位維納斯是凱盧斯（Caelus）[6] 和迪俄思（Dies）的女兒；
我親眼見到她在依利斯的神廟。第二位維納斯是從泡沫之中躍然而
生。有人說她和信使之神墨丘利（Mercury）是邱比特的雙親……。
第三位維納斯作爲朱比特（Jupiter）和迪俄涅（Dione）的女兒，她
被嫁給火神伏爾坎（Vulcan），但是她兒子安特洛斯的父親卻被認
爲是戰神馬爾斯。

　　　　　　　　　　　　　　　　　　　（西塞羅，《論眾神的本質》）

6　　Caelus 爲羅馬名，希臘名爲烏拉諾斯 Uranus。

由此西塞羅賦予厄洛斯和安特洛斯在眾神族譜中的位置，安特洛斯是衝撞好戰的戰神阿瑞斯／馬爾斯之子；他的哥哥厄洛斯則是橋接不同世界的聯繫人、眾神信使荷米斯（Hermes）／墨丘利之子。

　　不過在西塞羅時代的四個世紀之後，與尤納皮烏斯同一時期的哲學家提米斯提烏斯講述了此一傳說的完整版本：

　　當阿芙洛蒂忒生下厄洛斯時，這小男孩美極了，在各方面都像他的母親；但他並沒有成長出與美貌相稱的身材，體重也不見增加，反倒長期保持著剛出生時的樣貌。這情況困擾著他母親與照養他的謬斯女神（Muses），她們去會見泰美斯（那時太陽神阿波羅〔Apollo〕尚未佔領德爾斐〔Delphi〕），尋求解藥以對治這怪異、不尋常的厄運。「這是為什麼呢？」泰美斯說，「我會解決你們的困境，不過你們還不明白這孩子的本質。阿芙洛蒂忒，你的厄洛斯確實是獨自誕生下來，但他無法獨自成長起來；如果你希望厄洛斯長大，你就需要安特洛斯。他們兄弟倆會有相同的特質，並成為對方成長的原因；當他們看見彼此，就會一起長大，但是如果任何一方被丟下不管，他們將會一起衰退」。於是，阿芙洛蒂忒生下安特洛斯，厄洛斯立刻茁壯起來；他的羽翼豐滿起來也變得高壯。他的成長情況異於常人，他時常經歷令人難以置信的盛衰變化，一下子成長、一下子退化、然後又再次長大。他始終需要他弟弟在他身旁；若意識到對方是高大的，就努力證明自己更好。或者感覺到對方矮小瘦弱，就得不情願地削瘦下來。

（提米斯提烏斯，《演講辭》）

這則故事，是提米斯提烏斯在土耳其的尼科美底亞城（Nicome-dia）試圖說服聽眾，關於「修辭學和哲學相互依存，只有彼此都存在時才得以發展」的部分論點。為了增添這種相似性的重要程度，提米斯提烏斯引用這則既古老又廣為人知的神話，但是他並未標明出處，至今來源不得而知。

　　所有從中世紀到當代早期安特洛斯神祇的傳說皆由這五處參考來源所建構出來，安特洛斯彷彿代表黑暗神靈，是蔑視愛神的復仇者，但是他也被設想為愛神厄洛斯成長所不可或缺的反向力道。關鍵的重要問題是：安特洛斯如何同時具備這些相互矛盾的屬性呢？

　　希臘文「anteros」的詞源或許提供第一條線索，字首的 ant- 是「等同於」的意思；這個希臘字首經常被誤讀為拉丁文中的「anti」對抗之意。（Merrill, 1944, p.274）。

　　最早在希臘文學裡使用「anteros」此字詞之一的，是柏拉圖（Plato, 427-374B.C.）的《斐德羅篇》（*Phaedrus*，或稱為《論愛》），這比西塞羅的眾神族譜還早了三百年。柏拉圖強調字首為「等同」之意，以及與愛神厄洛斯結盟的意象。蘇格拉底（Socra-tes）解釋道，被愛的人心中如何能夠升起回應的愛意：「當另一人在身邊時，（這位被愛的）他共享著那苦悶心情的暫時停歇；當他不在身邊時，他也分擔著他的渴求、以及被人所渴求。因為被愛那一方擁有相對的愛（也就是安特洛斯），相對的愛就是愛的意象。」（柏拉圖，《斐德羅篇》，255d）柏拉圖在句子中使用「anteros」這個字所意指的，是這位神祇、還是熱烈的情感，並不清楚。茹斯・帕朵（Ruth Padel, 1992）指出，早期希臘語言可能甚至沒有這些區隔；舉例來說，在悲劇當中並不總是能區辨出神的存

在是處於想像國度、還是在人類主角受苦的心靈和肉體中。然而當撰寫《斐德羅篇》的時候（儘管可能違反早期習俗），柏拉圖筆下的蘇格拉底極有可能並不指涉神靈，而僅只是將被愛之人心中所激發出的熱情人格化。

　　如果柏拉圖首度被記載使用安特洛斯一詞，所指涉的是「回應的愛（love-in-return）」，那麼安特洛斯作為與厄洛斯搏鬥之黑暗兄弟的原型意象，就成了一個謎團。舉例來說，西塞羅所寫的細節內容從何而來？在眾神大多以強暴為典型的婚姻配對下，安特洛斯卻被設想成脫胎於製造戰爭的父親與美之女神這兩極之間自願的性愛結盟。維納斯和馬爾斯因為彼此的真情而相聚，即便他們在火神伏爾坎眼中，是被他以青銅捕獵網捉姦在床，讓自己戴綠帽的姦夫淫婦，還成了眾神信使墨丘利的笑談話題。讓人好奇的是，西塞羅在龐貝也有家產，會不會擁有酒神祭儀濕壁畫的祕儀莊主人，是與他同一時期的人、甚至是他的鄰居（評論家吉列斯曾有此推測，1998，頁 33-34）呢？然而，西賽羅呈現出安特洛斯家譜的這項矛盾情況（甚或是其概念的精準樣貌），暗示著愛戀當中並存的對立面與相互性。

　　如同在眾神與我們的想像國度當中：安特洛斯是否可能就像他在奧林帕斯神山的父母一樣，安特洛斯替古典時期雅典人情慾之愛的常規，帶來了人類國度當中補償概念的形象？我們讀到有人被愛神的箭所刺傷，受苦於非理性、經常驚恐的神性體驗（Thornton, 1997）。我們同時也知道，雅典戀人被要求將熱情的表達侷限在約定俗成的社交行為當中。戀愛的可能性，被設定在社會階層的垂直軸度；稱為情慾之愛的動力關係，在城邦一小群擁有社會權力的成

年男性公民與缺乏不同程度公民權利的次群體：女人、外國人、奴隸、以及孩童們之間上演。當性慾違反此一權力軸度所約定俗成的既定性別角色時，雅典人將此視爲異常。性作爲成年男性公民和次群體任何一位成員的具體情慾之愛的表達時，只要遵守社會結構就會爲人所接納：自由的古典雅典男人所贊許慶賀的並非是同性戀情本身，而是自由的成年男性與身爲市民、外地人、或者奴隸身分的青少年所建構的不對等特定階層關係（Halperin, 1990a, p.31-35）。

居於達爾迪斯（Daldis）的阿特米多魯斯（Artemidorus），是與鮑薩尼阿斯同一時期的人，西元第二世紀時在希臘、義大利、小亞細亞的遊歷甚廣。但他的著作《解夢》（Oneirocritica, 1975/1992）並未記載那些見聞，而是描述夢境與其大致要點，且不盡然支持其他人詮釋夢境的規則。阿特米多魯斯紀錄如何從春夢當中，根據誰正在插入誰，來得知正面或負面的未來預兆。希臘文當中有兩個詞彙用於夢境：enhypnion，字面意義是「某人睡眠中的某事物」，阿特米多魯斯以此指稱只呈現肉體或情緒狀態的夢境。oneiros 則是指包含關於未來的訊息之夢（1.1, pp.14-15）。訊息之夢的預兆，可藉由思考夢中自我的相對社會地位而認定，這顯現於夢境中所描繪的性行爲。因此在符合習俗或者「自然」的春夢當中，男人插入社會階層較低者（他的太太、情婦、娼妓、女性或男性奴隸，或者另一人的太太），或者他可能被另一位男人所插入。作爲插入的一方，做夢者本身會期待將來的好（或壞）是由他在夢中是否獲得（或沒有獲得）歡愉感而定。若作爲被插入的一方，做夢者可能依據是否由插入的那一方接收到好（或壞）的事物，來期待未來的好壞。對男人來說，被家中的奴隸所插入是不祥的，這並非起因於奴隸的性

別或者性活動本身，而是因爲社會地位較低者被呈現爲性關係的優越者（1.78, pp.58-61）。另一方面，夢到被社會地位較高者插入則可能是好的預兆。我發現在阿特米多魯斯的夢境分析著作中，他所分類的「正常」性慾關係，沒有任何一項包含互惠對等的可能性，安特洛斯失蹤了。

在此觀點下，約翰・溫克勒（John Winkler）認爲在阿特米多魯斯所定義的情色領域，僅只強調男性觀點並且具有侵略特質。他用來描繪性活動的詞彙只侷限於兩個字：「侵入（perainein）」與「被侵入（perainesthai）」。在起頭的篇章當中，阿特米多魯斯列舉了幾項除卻行爲者本身沒有其他人的活動，對我們來說奇怪的是，他將性愛插入也納入其中：「說話、唱歌、跳舞、還有拳擊、爭奪獎項、上吊、死去、刺刑、潛水、尋寶、做愛、嘔吐、排便、睡覺、歡笑、哭泣、與神對話」（1.2, p.17）。其他人無疑可能出現在這其中的一些事件裡，但行爲的成功完成，似乎並不倚賴與弱勢第二方的合作關係。因此溫克勒做出以下結語：

侵入的行爲規範再次申明原則，性愛就宛如一場競爭活動，主要以自我爲參照點，將性愛當成在財富和特權層級的階梯中升降流動的一種途徑。進行侵入動作可能並非性的全貌，但是性的此一層面，似乎展現了社會關係的榮耀與恥辱、增強與損耗、命令與順從。也是此一面向，在性的分類與道德判斷的古老體系當中發揮了最重要的功能。

（Winkler, 1990b, p.40）

將阿特米多魯斯的詮釋系統解讀成真實慾望與行為的現象學是不正確的，不過這似乎是對性關係所附加的公眾意義之絕佳描寫。

阿特米多魯斯的夢境分類指出，為了不使厄洛斯所帶來的極端混亂與文化中的階層基礎相違抗；為了使性接觸在社會常規的範疇內維持常態和體面，雅典人的愛慾關係既非社交上對稱、也非相互回應，其動力關係限定高階與低階的角色：只有擔任高階角色的伴侶被期待來啟動性行為，侵入另一伴侶的體內獲得性愉悅。如果愛情以權力遊戲的方式來體驗，愛人們在其中被愛神厄洛斯所征服，他們通常藉由獲得比所愛之人更高的權力來尋求解脫（溫克勒，1990a，頁71-98）。就這點來說，根據克里斯多福‧法勞（Christopher Faraone, 1999）的觀點是，一方面，雅典男性公民借助愛的魔力，試圖從厄洛斯的折磨當中轉移他們的愛慾苦楚，到脆弱地吸引著他們的愛情對象上；另一方面，除了娼妓之外，雅典女性與男性奴隸運用愛欲魔力，並非為了投射並轉移情欲的折磨，而是為了安撫並控制其憤怒又激情的男性長上。

在此脈絡中，西賽羅對於維納斯與馬爾斯是安特洛斯雙親的見解引人入勝。從愛慾必需以垂直社會軸度來實現的觀點來看，獻給安特洛斯的祭壇或許可視為雅典社會的心靈代償。或許安特洛斯身為厄洛斯反對者的精神意象，是由愛情女神和戰神共享熱情而生的小神靈，回應了人類對於愛以平等互惠的水平軸度重新想像的需求，以愛進行權力的交換、而非權力的施行。

雅典人的集體意識或許將安特洛斯歸類在女性領域，因為女人被認為能夠同時在性行為中提供和獲得愉悅。雅典女人的性慾被描繪成未經分化的性欲求、具有回應力、善於接受以及全然感官的。

女人比他們的男性伴侶更頻繁地享受性，因為陰陽同體的盲眼預言家提瑞西阿斯（Tiresias）說溜了嘴：

> 被召來解決皇室伴侶誰在愛情當中享有更多歡愉的問題時，提瑞西阿斯揭露了，在交媾時女人身體經驗到的是男人的九倍歡愉，因而激怒了天后賀拉（Hera）。在賀拉的概念之下，希臘人認定婚姻的意象是拒絕所謂的性快感──慾望和歡愉──而以誓約和承諾之名，來確保女人法定妻子的身分。
>
> （Bonnefoy, 1992, p.99; see also Carson, 1995a, 2000a）

換句話說，就天性而言，女人渴求進入愛的搏鬥舞台，但同時她們被認為在激烈爭鬥中，肉體上傾向於屈順服從。或許藉此，雅典社會較容易去推想，女人能以性慾來體驗如影子般的安特洛斯的事物。

另一方面，雅典的年輕男性被禁止對成年男子表達任何性渴望。在約諾芬（Xenophon）的《會飲篇》（*Symposium*）當中，蘇格拉底宣稱「男孩並不像女人一樣，會分享男人在交媾時的歡愉感；男孩冷靜而頭腦清醒，將他人當作是充滿性慾的酒鬼」[7]。約諾芬與柏拉圖等其他同時期的男性，不願承認相互回應的情慾之愛的這種可能性。為了強化習俗，他們以kinaidos（娘娘腔）的駭人形象彼此嘲弄。Kinaidos 是指願意為了愉悅而做任何事、也享受主動讓自己臣服於另一名男子性控制的男人。創立這條社交成規，可能是為了

7　Xenophon, *Symposium*, 8, 21, quoted in Dover, 1989, p.52.

回應年紀較輕的男性公民在男人戀男童的關係當中艱難的地位（丹佛〔K.J.Dover〕，1989；米歇爾‧傅柯〔Michael Foucaul〕），1990）。想像雅典未來的統治者，展示出屈從於任何人、特別是對於他們同儕的渴望，這是項禁忌。

柏拉圖除了身為早期使用「安特洛斯」此一字彙的人，他也直覺感受到厄洛斯天性當中陰影面的安特洛斯。在《會飲篇》之中，他引用亞里斯多芬（Aristophanes）描寫愛的談話內容。亞里斯多芬指出愛人們的形象是男男、女女、以及男女連體的四腳生物。因為他們的態度傲慢，宙斯命令阿波羅使他們一分為二。此後，每一半都慾求著能與另外一半完成象徵式的團圓／再結合（柏拉圖，《會飲篇》，189e-193d）。每一個戀人都是一個信物（symbolon，希臘文的象徵〔symbol〕一字），具有關節骨頭（knucklebone，擲距骨）的其中半邊，這是辨識身分的代號，另一人則具有另外的一半。當這兩半相聚時他們才會形成一個意義、一個自我：「我們之中的任何一人，只是像比目魚一樣被切成兩半的人類，分成兩半而非一體，每個人都永無止盡地搜尋著屬於他自己的信物。」（191d, trans. Carson, 1986, p.75）

建構在水平軸度上的情慾圖像，描繪出了人與任何人都具有同等價值與地位的想法。這種平等互惠徹底駁斥了戀人之間「愛者」與「被愛者」、以及「侵入者」與「被侵入者」的垂直軸度觀點，並以對於整體圓滿的原初渴求，取代愛慾的動力關係。另一個呈現出「安特洛斯」細微差異的空間，隱含在亞里斯多芬的描寫中：火神赫菲斯托斯（Hephaestus）站在一對合為一體的戀人身旁（就像他曾經站在阿瑞斯和阿芙洛蒂忒身旁），尋問他們真正想得到的是什

麼？當然他們想要的，就是永遠處在朝思暮想的彼此融合之極樂狀態，就算因此餓死也在所不惜。亞里斯多芬在《會飲篇》當中以滑稽顛覆的深刻政治語言，藉由諷刺去拉平雅典社會男權主義的階級假設；隱喻著政治人物藉由比其他公民在性方面更順服於人，才能登上雅典社會頂端，嘲弄著此一階層制度（路威，2002）。同時這段談話也強調政治之性愛（eros for polis）的隱含意義：雅典人應當認真看待伯里克里斯（Pericles）的著名訓誡，即，他們應當要是er-astai，城市的熱情愛者（伯里克里斯的國殤演說詞，摘自修昔底德〔Thucydides〕，2，43，1）。

　　柏拉圖面臨著承認安特洛斯以及被認為是女人的挑戰，同時還得遵從「避免被愛那方的年輕男性蒙受肉體屈服污名形象」的禁忌。另一方面，《斐德羅篇》當中，柏拉圖想像雙方參與者是在「對應性愛安特洛斯（anterotic）」的水平軸度關係、主動產生聯繫的愛侶：

　　透過提供被愛一方直接的情慾刺激的途徑，將他納入愛者那方的社群。柏拉圖從剝削責任的角度，釐清男人與男孩的情慾關係，允許被愛那方在對於理型（the Forms）的沉思中，以哲學態度成長。因此慾望表達和情感交流的方式，能有更多的互惠變得明朗起來。年紀較輕的男子現在可以回應他年長愛人的熱情，而不需感到羞愧或行為不當。

（Halperin, 1990b, p.132）

　　另一方面，如果他們都是男公民，柏拉圖引用蘇格拉底的觀

點，雙方應當抑制性行為：

當他們躺在一起，愛人靈魂中嬉鬧放浪的馬匹會向駕馭他的馬伕低語，替他所有的煩惱掙得幾分獎賞。被愛之人心中的那匹駿馬雖然沉默不語，但他因為明白渴望而驕傲膨脹起來，擁抱了親吻著他的愛人，而非出自於對他仁慈的感激。他們並肩躺著，他小心翼翼不拒絕做滿足愛人所乞求的事；然而他的同伴受這份敬意與謹慎的心意所感動，而樂意與馬伕一起抗拒獲得滿足作為回報。

（Plato, *Phaedrus*）

同樣在《會飲篇》中，社會之所以進步是因為異性戀生產新公民，男人戀男童的同性情慾則創造出哲學一類的作品：兩者都對集體的善具有貢獻（路威, 2002 p.353）。

古早性學分類無法設想在男性高層族群成員之間的「安特洛斯式互惠」的性關係，導致雅典文化對於英雄配對遭遇極大困難——海克力斯（Heracles）和伊歐勞斯（Iolaus）、忒修斯（Theseus）和庇里托俄斯（Pirithous）、阿基利斯（Achilles）和帕特洛克羅斯（Patroclus）、俄瑞斯忒斯（Orestes）和皮拉德斯（Pylades）——因為約定俗成的智慧無法判斷誰扮演哪個角色。艾思奇利斯（Aeschylus）在他失傳的戲劇三部曲《阿基利斯》（*The Achilleis*）當中，認定阿基利斯是愛人，而帕特洛克羅斯是被愛那方，可能僅是因為這齣戲劇的名稱。但是如同斐德羅在柏拉圖的《會飲篇》中所言，艾思奇利斯藉由指稱帕特洛克羅斯為阿基利斯的親密愛人，來反轉他們之間的關係。如我們所知，阿基利斯比起帕特洛克羅斯或者其他

英雄都要俊美得多，此外也年紀尚輕、還沒長出鬍鬚來。正如荷馬（Homer）所言，阿基利斯是兩人之中比較年輕的人（柏拉圖，《會飲篇》，180a）。在俄瑞斯忒斯和皮拉德斯之間，羅伯特・卡拉索（Roberto Calasso）的觀察是：「很難說這兩者誰是愛人之人，因為愛人者的柔情在另一人臉上映照著，彷彿照鏡子一樣。」正如卡拉索所注意到的，只有英雄——而且準確說來，因為他們都是英雄——才能被想像成打破禁忌：

> 英雄們對於這些規範置之不理，他們的關係長久深遠，只有死亡能使其結束。他們的愛情，並不因為被愛的人腿上生出毛髮，或者他的肌膚因為歷經冒險生活變得粗糙、失去青春細緻，而黯淡消退。因此英雄們達到人們最渴求的狀態，在其中，愛人與被愛之人的區隔模糊了起來。

> （Calasso, 1993, p.71）

在像這樣的敘述當中，柔情愛憐相互回應，愛人者與被愛之人的界線模糊起來，我們發現安特洛斯在此清楚體現。讓人驚奇的是，雅典人接著發現這些英雄之愛的形象，幾乎同時居於「對理型的沉思」以及「腿股間的神聖交流」當中（Aeschylus, Myrmidones, fr.136, Calasso, p.70），這件事讓雅典人非常困擾。

在面對面爭奪棕櫚樹枝的圖像之中，安特洛斯代表著回應之愛的情慾能量能夠挑戰傳統（厄洛斯）的愛欲體驗。在雅典被稱為民主城市的歷史當中，暗藏的是剝奪了超過半數市民的權力、姓名的家長制行為。羅馬詩人奧維德（Ovid, 43B.C.-17 / 18A.D.）在其著作

《變形記》（*Metamorphoses*）所提的故事，獲得聖奧古斯丁（St. Augustine）於《上帝之城》（*City of God*）中所引用。雅典女人因為投票決定將城市命名雅典，以榮耀雅典娜／米娜瓦（Athena / Minerva），而非海神波賽頓／涅普頓（Poseidon / Neptune），遭受三種處罰：她們永遠不能再投票；她們的子嗣永遠不能使用其母親的姓名；人們不能稱呼她們為雅典女人。所以，當我們發現在古典圖像研究學當中，強大的安特洛斯偽裝成較為弱勢陰暗的弟弟、像是補償一樣的現身，還會那麼令人驚訝嗎？

　　根據鮑薩尼阿斯所記載，安特洛斯祭壇位在雅典衛城底層的典故，與此宗教崇拜不涉及雅典男性公民，卻與長駐在此的下階層男性外地人，也就是那些不具備投票權、被投射成局外人，如影子般陰暗的他者（Other）有關。外地人的禱告，以及提馬戈拉斯和梅萊斯的告誡預言，抗衡著雅典人的陰險厄洛斯想法，以這則與厄洛斯同樣危險的手足安特洛斯的神話，以愛的回應互惠來抵抗強加於自身的卑微感受。就這方面來說，有趣且值得一提的是，雅典一直受移民危機所苦，甚至通過一條法律，限制只有血統純正的雅典人得以享有市民的福利，並且詆毀任何雅典人與外地人的聯姻：「不是由雅典雙親所生的人，不可共享這座城市。」（史都華〔Stewart〕，1997，頁 78-79，196；亦可參見卡特利奇〔Cartledge〕，2009，頁 106）

　　為什麼安特洛斯的神話全都消失無蹤了呢？柏拉圖在《對話》（*Dialogues*）當中賦予「安特洛斯」以心理學式的驅邪地位，安特洛斯因此得到充分的安撫了嗎？在德爾斐，泰美斯告訴了阿芙洛蒂忒治療厄洛斯長不大的方法，她是起初創造出安特洛斯的人物，她

對此滿意了嗎？身爲泰坦族，泰美斯是比十二位奧林匹亞神更爲古老的神祕神族（哈里森〔Harrison〕，1912/1962），她是神性與「正確順序」的自然能量象徵，這對於神祇和人類一樣適用（辛格爾〔Singer〕，2011）。泰美斯的能量指出，以陰性爲基礎，強大且與生俱來的心理能力，足以在療癒或者使整體更爲圓滿的工作當中匯聚，並且涵容完全不同的活力（唐利維與希勒〔Donleavy and Shearer〕，2008，頁2）。雅典人對於安特洛斯的涵納，是否足以使慾望和社群更爲整合，因而充分撫慰了他的兄弟厄洛斯，以及泰美斯？畢竟根據艾思奇利斯（西元前524-455）的三聯劇作《奧瑞斯提亞三部曲》（*Oresteia*），雅典娜和她的正義法庭撫慰了復仇女神們（the Furies），並賦予她們「仁慈」之名。大約五十年後，歐里庇德斯（Euripides，西元前484-406年）在他失傳的劇本《賽諾比亞》（*Sthenoboea*）當中，將這位愛神複製成雙生子，其中一位引領愛人進入美德生活，另一位將愛人直接領往死亡之屋。在歐里庇德斯的劇作《伊菲格涅亞在奧利斯》（*Iphigenia at Aulis*）當中，厄洛斯手持的弓箭具有「雙重」功能，可以帶來充滿愛意或者完全崩解的人生（卡森，1986，頁9）。

　　也有可能，雅典的性愛常態和政治想法，就是無法遷就將安特洛斯納入的論述轉變？如果將崇拜他的想法彙整進來，這種對於他們看待愛（厄洛斯）的本質、以及對於整體圓滿的自然界與社交運作原則（泰美斯）的反思，是否太過顛覆？這些疑問沒有解答。

　　在羅馬征服希臘的將近一百年後，龐貝的羅馬密儀莊是少數幾個能找到安特洛斯的地方之一，雖然很容易被忽略，然而安特洛斯出現在女性神祕入教儀式場所的牆面上，他被住在附近的西塞羅於

眾神族譜的引證中所承認。另一個有點離題的事蹟是在西元 79 年被埃特納火山（Etna）所掩埋的另一座城市史德百（Stabiae），有塊寬約 1.5 公尺的石塊以大型紅色字體寫著「Anteros Heraclio Summar Mag」，這並不是指希臘神衹安特洛斯和不死英雄海克力斯，而只是兩位課徵稅賦、撰寫城鎮紀錄的羅馬法官的姓名而已。

ANDREAE ALCIATI

Ἀντέρως Amor uirtutis alium Cupi=
dinem superans.

Aligerum aligeroq; inimicum pinxit Amori,
　　Arcu aram,atq; ignes igne domans Nemesis:
Vt quæ aliis fecit patiatur,at hic puer olim
　　Intrepidus gestans tela,miser lachrymat.
Ter spuit inq; sinus imos(res mira)crematur
　　Igne ignis,furias odit Amoris Amor.

圖 2.1　安特洛斯將厄洛斯綑綁起來。西元 1536 年，安德烈亞‧阿爾洽堤（Andrea Alciati）《象徵》手冊中的木刻版畫。

義大利文藝復興時期
的安特洛斯：
復甦[1]

從這當中，我想你可能會輕易得出結
論：沒有任何聰明才智得以大幅進展，除非
棋逢敵手，用希臘話來說，就是除非有與其
競爭、纏鬥的對手。我們必需不僅僅和同儕
以及當代人士一爭高下，也應當與早前書寫
的古人、那些我們稱之為「沉默的大師們」
競爭。不然，我們將永遠只是嬰兒。

——西里歐・考卡尼尼，

《論模仿》[2]

1　La Récupérationy 在此譯為「復甦」，而在當代法國的政治情境之中，récupération 也指涉政府如
　何為自身目的而利用無政府元素。
2　Celio Calcagnini, *On Imitation* , p.181.

對雅典人來說，安特洛斯可能是陰暗、充滿矛盾的角色，看似為了支持厄洛斯而存在，卻也與一般愛的體驗相衝突。數百年後，基督教化（Christianized）的歐洲以截然不同的方式回應安特洛斯的神話，將此神話場域覆蓋上異於其經典來源的道德判斷。在不平靜的反轉當中，厄洛斯變成陰影面的代表，而安特洛斯則被引向為光明所效勞。

基督教教義挪用了古希臘靈魂與身體的二元觀點，以強調靈性的重要。柏拉圖的理型，提倡超越且在特定事物之上的美，美的理型是獨一無二、永恆絕對的。是理智而非感性，將這些柏拉圖式理型視為終極的實在。基督教教義添加上新柏拉圖主義者例如普羅提諾（Plotinus, 204-270）的論述，支持獨立於具體感官世界之外、用於宇宙論上智性靈性實在的想法。在奧古斯丁（Augustine, 354-430）的總結式神學之中，他引用柏拉圖來堅稱靈魂比身體卓越，並且獨立在身體之外。在第六世紀，託名戴奧尼索斯（Pseudo-Dionysius, the Areopagite）系統性地從垂直的階層性質（vertical scala naturae）或偉大的存有之鏈（Great Chain of Being），推導出天庭裡天使的位階、以及教會中教士的位階。

中世紀的經院哲學（Medieval Scholaticism）是由其他基督教思想家所建立的對話式哲學，借助並倚重亞里斯多德的概念和術語。舉例來說，經院哲學家採用亞里斯多德對於柏拉圖理型論的批評，認為人類是一組並不倚賴於理型的基本特徵。但這些特徵總是必然以人們體質上的特性來展現，而容易受心靈腐敗和體液失衡所影響。多瑪斯‧阿奎納（Thomas Aquinas, 1225-1274）反對許多該時代依據奧古斯丁對於柏拉圖之理解而來的基督教理論，他引用亞里斯

被遺忘的愛神：神話、藝術、心理分析中的安特洛斯 ｜

多德的邏輯來定義自己所認爲的天主教神學之結構性元素。但這可能會被誤解成反對文藝復興時期的柏拉圖理論以及經院哲學。兩種思想學派，都引用與基督教啓示協調一致，但已被基督教啓示所取代的希臘哲學（Gracia, 1988, pp.550-58）。

　　希臘語的知識，在大多數使用拉丁文的西方世界已然消失（除了在愛爾蘭修道院）。很長一段時間裡，亞里斯多德的作品幾乎失傳，因爲沒有被翻譯成拉丁文，而許多西方學者已讀不懂希臘文。直到十二世紀，亞里斯多德的文字從阿拉伯文和希臘文的手稿被譯爲拉丁文，當時的學者才得以拜讀亞里斯多德，而非僅只是參考關於他的評論或文獻。到了十五世紀，拜占庭的希臘學者將希臘手稿傳至義大利佛羅倫斯，費西諾（Marsilio Ficino, 1433-1499）將柏拉圖的三十六則對話從希臘文翻譯成拉丁文。他也對此發表了一些評論，包括對於《饗宴篇》的評論，因此讓文藝復興時期的閱讀大眾能直接接觸柏拉圖。

　　在古典希臘時期的宗教信仰和哲學當中，厄洛斯被想像成一位以性慾本能爲基礎的可怕神祇——在人類領域中，可能以授予權力、激勵人心的樣貌爲人所經驗，不過他更可能以羞辱和充滿破壞力而爲人所知。與厄洛斯搏鬥，代表著忍受神的附身，同時也將對社會結構的損害減至最低。舉例來說，以禁絕性慾的方式來與厄洛斯產生連結，後來被羅馬醫學權威引介爲增加生育能力的方法（Rousselle, 1988）。在隨後的基督教宇宙觀當中，認爲自然秩序、身體領域因爲亞當／人類的墮落而與神疏遠。這種對於自然天性的墮落、以及必須從此生進入更高境界朝聖的概念——即便是處在婚姻關係當中——爲了靈魂的救贖，也在全然施行禁慾的行爲下獲得展

現。根據基督教教條，愛在更高層次的形態（神對人的愛agape，或者慈善心）是透過順服神的恩典，並且接受祂來自上天的愛，然後主動將這份愛傳遞給其他人所體驗而得。從十三世紀早期開始，即便在最素樸的呈現當中，厄洛斯就是失去視力或被矇閉著雙眼，這是低劣墮落的人性，以及卑下、獸性之物的展現。基督教不僅在精神意志層面放棄厄洛斯，還將其幼稚化。藝術家傾向將厄洛斯畫得越來越年輕，直到祂是圓滾滾的胖天使，不再是一位年輕男子。或者將祂妖魔化，驅逐到陰暗處。

如同諾斯羅普弗萊（Northrop Frye）在他論文中所指出的「厄洛斯在詩文中的倖存」，以及「中世紀以降的詩人，簡單地將厄洛斯納入他們的宇宙之中，這是宗教和哲學權威所遺漏忽略，卻不應當忽略的事物」（Frye, 1983, p.255）。受到維吉爾（Virgil）和奧維德（Ovid）的明顯影響，中世紀以及文藝復興時期的詩人將騎士之愛／宮廷愛（courtly love）闡述爲浪漫的愛情、充滿著性慾，但——理想上——並非是身體上的性，他們想像這與基督教神對人的愛並行存在。在 1327 到 1368 年間，義大利詩人彼得拉克（Petrarch）爲他所愛的女人蘿拉，寫下 366 首十四行詩。他將這些詩句建立在厄洛斯的基礎上，即便他是從遠方對她表露愛意，絕對不可能有性方面的結合。基督教和騎士之愛傳統的並行，在煉獄受苦的意象中最爲鮮明：長時間的挫敗，戀人就如同聖人在挫敗中爲了厄洛斯發狂或殉道。想像著莎士比亞的觀眾苦思羅密歐因爲自殺遭受天譴的問題，弗萊推斷大多數人會認爲「羅密歐本身的宗教不與基督教教義相違背，且行其道：當羅密歐說『我懷中的主（my bosom's lord）』，他所指的是上帝的愛，他在愛的聖潔之名當中殉道」

（Frye, p.256）。莎士比亞獻給年輕貴族的十四行情詩當中
（1609），更明顯地呈現出這個區別。熱情主宰著詩句，基督教的
神毫無蹤影（Sprinchorn, 2008, p.223）。基督教歐洲對於厄洛斯的
崇拜，主要透過詩人與藝術家的想像習作倖存下來，儘管面臨宗教
的反對，其勢力仍穩定增長。

　　對於安特洛斯的崇拜，在中世紀時期則完全被遺忘了，但他的
傳說在文藝復興時期再次被人拾起。一部分要感謝被厄文・帕諾夫
斯基（Erwin Panofsky, 1969, p.130）稱之為史學最具影響力的書籍之
一：安德烈亞・阿爾恰堤（Andrea Alciati）的著作《象徵》（*Em-blemata*, 1522）。阿爾恰堤是義大利的律師和人道主義者，他收集的
每幅象徵圖畫都附有一句格言與評論，在1531年第一次出版，隨後
被重新編排、翻譯超過一百五十次以上。這豎立了一套完整的圖片
文學體裁，妥善留存到十九世紀。在《象徵》一書當中，阿爾恰堤
挪用維納斯兩名兒子的故事，將被貶抑、妖魔化、盲眼的厄洛斯，
與他現在較為優越的弟弟結合起來。阿爾恰堤為安特洛斯的神話做
出特定的道德詮釋，他將希臘字首「ant-」讀成「against」，將安特
洛斯概念化為熄滅的愛，或者至少是抑制感官愛慾、以精神層面的
事物來取代。第110幅象徵圖（*Emblem CX*）所呈現安特洛斯的復
甦不如他被改寫的程度：他不再與厄洛斯友善競爭，卻將他綁在樹
上、燒毀他的武器（圖2.1）。

　　阿爾恰堤的第110幅象徵圖所傳達的是，受其弟弟安特洛斯暴
力相向，對厄洛斯是有所益處的，因為這淨化了以弓箭和蒙眼布所
象徵的情慾愛之殘忍盲目，這些殘忍盲目正是熱情舉世相同的特
徵。阿爾恰堤可能知悉巴托諾米奧・薩奇（Bartolomeo Sacchi）的著

作《對抗愛情》（*Contra Amores*, 1467, Ciavolella, 1994），這則柏拉圖派學者與經院哲學傳統的對話。薩奇將厄洛斯定義為感官損害理智的病態、以永世的詛咒非難威脅著靈魂，也描繪安特洛斯以道德上的哲理對抗厄洛斯。阿爾恰堤可能也知道彼得‧卡普里多（Pietro Capretto / Pietro Edo）的作品《論愛的誕生》（*Anterotica: De amoris generibus*, 1492），在此除了慈善和上帝的愛之外，愛的所有形式都被視為虛幻且具有破壞力的特質；卡普里多甚至譴責婚姻當中的性，這種只為了繁衍人類後代而存在的慾望，令人好奇的是，他將安特洛斯視為反對性愛（contrarius amori）而與希波呂托斯（Hippolytus）做了連結。希波呂托斯是特修斯（Theseus）的兒子、菲德拉（Phaedra）的繼子，是能抗拒所有女人而使阿芙洛蒂忒發怒的，阿蒂蜜絲女神（Artemis）的忠實信徒（Pennuto, 2010, pp.34-36）。當時最重要的文獻是巴蒂斯達‧弗雷哥索（Battista Fregoso）的著作《安特洛斯或對抗愛的論述》（*Anteros sive tractatus contra amorem*, 1496）。在此著作當中，名為普拉丁（Platin）的虛擬人物全面譴責愛是對感官慾望的危險讓步，是病態想像而來的理智敗壞。弗雷哥索的哲學研究審視心理學、物理學、以及神學成因：愛是想入非非的病態產物，是強大美麗的對象透過我們的雙眼傳來的毒害，或者是惡魔鬼怪附身靈魂。弗雷哥索論文的影響力可特別將之放在與《女巫之鎚》（*Malleus Maleficarum*）相同的文化背景下來評估，這是由萊茵區宗教裁判官海因里希‧克拉馬（Heinrich Kramer）和司布倫格（Joseph Sprenger）所合撰，用以反對巫術崇拜、於 1487 年在北歐出版的著名短文（Caivolella, 1994）。

　　無論這些論點以及阿爾恰堤的圖像多麼具有主導性，安特洛斯

的神話充其量描繪著墮落的人類之愛可以被轉化爲神聖之愛的歷程。在阿爾恰堤的書中，安特洛斯使他哥哥卸下武裝的小版畫，啓發了無數頗具聲名的十六世紀與十七世紀早期畫家的作品。相較於柏拉圖對於亞里斯多芬一分爲二的戀人之描寫，以及使人想起心靈補償、甚或心靈平衡的厄洛斯和安特洛斯搏鬥對立的宗教崇拜形象；這些在文藝復興時期，根據阿爾恰堤的象徵而來的兄弟圖像，既引人入勝卻又令人困擾。

在圭多‧雷尼（Guido Reni）於 1622-23 年所畫的《神聖之愛與世俗之愛》（*Amore Sacro e Amore Profano*）中，安特洛斯主宰著畫布（圖 2.2）。高大、靈活輕巧、有著寬闊雙翼的青少年，跪在畫面中央，上半身轉向畫面下方的角落。他冷靜注意著敵手的箭筒，將其送入火堆。厄洛斯則是身體柔軟、孩童樣貌的邱比特，祂被矇著雙眼，雙手被綁在身後的杆子上，他的頭在痛苦中扭轉朝上，正掙扎著抵抗他的束縛。雷尼追隨十三世紀厄洛斯被綑綁束縛、矇上雙眼的傳統，但他改變了阿爾恰堤戲劇化阻擋對手的印象，轉而強調這兩人之間缺乏聯結。這兩兄弟沒有肢體接觸，他們甚至不把注意力放在對方身上，他們的臉朝向畫面不同角落。提米斯提烏斯的神話，談到以手足競爭來促進成熟的愛（mature love），他會怎麼詮釋這種歪斜的動態關係呢？

尚‧賽斯尼克（Jean Seznec, 1953）認爲，遠古的異教眾神從中世紀以來，以怪異的僞裝和特性流傳於世，而十五、十六世紀的義大利藝術復甦了祂們，重新爲其灌注新生的美感。然而在當代法國，récupération 這個字在政治情境之中，也指涉強而有力的政府如何爲自身目的而利用無政府元素。安特洛斯——這位讓希臘人非常

圖 2.2　圭多・雷尼《神聖之愛與世俗之愛》。油畫，1622-23。
©版權由熱那亞斯皮諾拉宮國家美術館所有（Copyright ©Galleria Nazionale di Palazzo Spinola, Genova）

愛恨交織，覺得陰暗、麻煩的人物──在文藝復興時期受人「復甦」之政治意涵，與厄洛斯日漸增長的宗教崇拜對立到何種程度？簡單來說，安特洛斯協助維持了「性慾已成為墮落人性的惡魔面向」之正統宇宙論。與其說安特洛斯是年輕的手足競爭者，還不如說安特洛斯是他如惡魔撒旦般的兄長之道德懲戒者：是基督與路西弗的合體。

這份贏過厄洛斯的個人勝利，被認為對整體是有益的。舉例來說，在雷尼的畫作當中，樂器和樂譜懸浮在厄洛斯被燒毀的弓箭上空，彷彿象徵性慾昇華後的文明副產品。復甦後的安特洛斯要不是成為對抗淫慾（lust，以經院哲學的詞彙來說）的道德力量，就是成為對抗且超越性慾的貞潔純愛（virtuous love）原則（柏拉圖主義者的詞彙）。當保薩尼亞斯、尤納皮烏斯、西賽羅、提米斯提烏斯的故事，都將厄洛斯和安特洛斯呈現為嬉鬧的互補兩極，文藝復興時期的版本卻經常徵召弟弟為傳統道德所用，使他凌駕於其兄長之上，以弟弟（安特洛斯）作為天堂或聖潔的愛，用來限制僅只為世俗或肉體的愛（厄洛斯）。在這些圖像中，安特洛斯將厄洛斯綑綁於木柱、並燒毀其武器，和現實中燒死異教徒和女巫並沒有太大差別。

在文藝復興時期，義大利評論家們對於安特洛斯的詮釋差異懸殊。即使是對於一件作品，從古典時期的主流想法，即安特洛斯同時是互愛（mutual love）的守護神、也是厄洛斯的敵人；到安特洛斯是與「神之愛」相連的高尚情感、是對抗以肉體為基礎之愛的想法，兼而有之。馬力歐‧艾奎柯拉（Mario Equicola）在他對於愛的形上學、充滿詩意的騎士之愛本質的研究著作，《論愛之本質》（*Libro de natura de amore*, 1525）一書當中，區辨了感官的愛和理智的愛，但他將這兩者放在人類經驗的連續向度上，並不需要以理智的愛來取代、放棄感官的愛。另外，西里歐‧考卡尼尼（Celio Cal-cagnini）在他對於安特洛斯的野心勃勃、不同於人的描述中，主張互愛是更高層次的愛，就像是在他的著作《安特洛斯或互愛》（*Anteros sive de mutuo amore*, 1544）中，建議畫家加羅法洛（Garofalo）於義大利北方費拉拉的莫羅宮（Palazzo Costabili）的濕壁畫上，應同時包含厄洛斯和安特洛斯的圖像，表達他們互惠的愛慕情感，並騎在兩隻鶴鳥上來回拋擲金黃色果實，將此視爲和諧的象徵（See also Calcagnini, 1532-37, pp.178-181）。

　　藝術史家斯蒂芬・坎貝爾（Stephen Cambell），論證了何以區分這些文藝復興時期對於安特洛斯神話的不同解讀是如此重要。在《厄洛斯的房間》（*The Cabinet of Eros*, 2004）一書當中，坎貝爾檢驗了著名的伊莎貝爾埃斯泰的書齋（studiolo of Isabella d'Este, 1474-1539），這是義大利曼托瓦知名的贊助家與伯爵夫人，委任當時最有名的藝術家們，包括安德烈・曼特尼亞（Andrea Mantegna）、羅倫佐・哥斯達（Lorenzo Costa）和科雷吉歐（Correggio）等人所繪製之七幅神話畫作的空間（現存於羅浮宮）。坎貝爾認爲，對於這些畫作最具影響力的史學詮釋，藉著將道德化的安特洛斯定位爲這一系列圖畫的主要宗旨，扭曲了對於伊莎貝爾書齋的討論；舉例來說，他們設想曼特尼亞的畫作是以安特洛斯作爲奢華與感官的反抗者，藉之宣傳伊莎貝爾奉行基督教貞潔原則的精巧圖畫論述。不過坎貝爾認爲，書齋圖畫的核心關注議題，更可能是伊莎貝爾如何安放對於厄洛斯的理解。以細緻的複雜度來看，這與弗雷哥索的論述和阿爾恰提的象徵相反，「將厄洛斯視爲個人主體性的起源，是使畫作同時產生精緻感與令人陌生的地位反轉之緣由」（Cambell, 2004, pp.214-216）。顯然，安特洛斯提供了解開著名的伊莎貝爾書房的鑰匙，但是該採用哪種對於安特洛斯的解讀，又是爲了什麼目的？

　　一幅現爲那不勒斯的國家建築學博物館所收藏的龐貝濕壁畫

（圖2.3），爲此提供了有用的見解。即便這幅濕壁畫在雷尼時代的數百年前就已完成，並在屬於其時代的數百年後才出土。這幅濕壁畫被歸於「受罰的愛神」（*Amore Punito*）之列，在田園場景中描繪了兩名女人和兩位長翅膀的愛神。站著的女人直視坐著的對立者，站立的女人手臂向下伸向一位愛神，好像是要哄他前去坐著的女人面前。這位愛神可能正在鬧脾氣、或是淚水盈眶——他舉起手彷彿是要擦乾眼睛，他的翅膀掛在身後似乎意志消沉——但是我們不能解讀他的表情，因爲在這四位人物中只有他轉身背朝我們。第二位愛神從坐著女人的肩膀後注視著這場景；他手指著第一位愛神，將坐著女人的注意力從她腿上的書卷轉移開來，一棵茂綠的樹立於這兩組母子之間，就像是第五位豐饒的在場者。

這些人是誰呢？在柏拉圖的《饗宴篇》當中，女神烏拉尼亞（Urania，天國神聖的阿芙洛蒂忒，是烏拉諾斯的女兒，從海中誕生、沒有母親）和潘德摩斯（Pandemos，人間世俗的阿芙洛蒂忒，是宙斯和迪俄涅的女兒，就字面而言指的是「人類的女神」）被寓言式地詮釋爲象徵著理智的愛對比感官的愛。「接下來的問題是，愛（也就是厄洛斯）應當被視爲是世俗還是神聖的？這是根據愛神工作時，哪位女神陪伴在旁而決定」（柏拉圖，饗宴篇，180d/e）。在龐貝的濕壁畫當中，這兩位女性角色似乎面對面，是互補的兩方。她們的愛是種溢散的能量——她們的孩子，我稱之爲安特洛斯和厄洛斯——創造出濕壁畫中較爲明顯的張力：愛神們並不全然相同，因爲一位受到處罰、另一位則沒有。當厄洛斯揉著眼睛、背對我們，安特洛斯則從他母親左肩膀後觀看並伸手指著。天上的維納斯盯著厄洛斯，地上的維納斯看著天上的維納斯。這四角關係的眼

圖 2.3 《受罰的愛神》，濕壁畫。
©版權為那不勒斯國立建築學博物館所有（Copyright © National Archaeological Museum, Naples）

神注視傳達了什麼？這些眼睛後方的動力，聯結著感官與理性、人間世俗與天堂聖潔。還有哪些結果？我不知道，但他們之間聳立著第五個元素：一棵美麗茂盛的樹。

在義大利文藝復興時期的畫作中，厄洛斯通常是一位男人，而代表神聖與褻瀆之愛的通常是位女性：雙重的阿芙洛蒂忒。菲奇諾（Ficino）在〈對柏拉圖的饗宴篇評論〉（Commentary on Plato's Symposium, 1460）一文當中，指出數量頗豐的畫作以兩極的女性形象，來描繪柏拉圖二元性的愛情：一位是天上的、裸體、聖潔的，另一位是地上的、盛裝打扮、世俗的。據菲奇諾所言：「兩位維納斯都光榮可敬、值得讚賞，因爲她們都以各自的方法，追求生產創造的美」（Ficino , 1985, p.54; see also Panofsky, 1969, pp.114ff）。因此，舉例來說，在《維納斯的誕生》（*The Birth of Venus*, 1485）畫作中，波提切利（Botticelli）呈現天上的維納斯從貝殼輕盈上岸；在《春》（*La Primavera*, 1477-1478）這幅畫裡，他呈現地上的維納斯在花朵盛開的土地上擺動身軀。

在《神聖與世俗的愛》（*Sacred and Profane Love*, c.1515）（圖2.4）當中，提香（Titian / Tiziano Vecellio, c.1488-1576）將這兩位女神放在一塊，在一幅畫中相輔相成。裸體的天上人物手持火焰，注視著盛裝打扮、根植於世俗事物上，正朝外看著觀者的女人。有些藝術史學家（像是馬爾科姆布爾（Malcolm Bull, 2005, p.193）根據此幅畫作的另一名稱《維納斯與新娘》（*Venus with a bride*）來詮釋畫作內容。不過這位人物是否眞爲新娘，亦或是人間女神，並無關緊要。因爲這兩位人物顯然呈現了菲奇諾的互補、新柏拉圖式的美的模式：舉燈那位，是舉世相同、恆久亙古、理性心智的美；另一

位則是獨特、稍縱即逝、實質具體的美。畫作的背景亦強調著此一並存關係：在神聖的愛後方是較為明亮的鄉間，由基督教的象徵例如羊群和教堂來點綴。而世俗之愛的後方則是較為朦朧昏暗的景緻，有兔子和城堡，暗示著生產力和忠誠。當她高尚靈性的姊妹與安特洛斯結盟時，涉入世俗追求的女人並非受到盲目的邱比特所控制，取而代之的是，唯一那位愛神輕輕攪動著她們之間的水面，像是種媒介安置於此，朝下凝視著過去曾經是石棺的教堂洗禮池（Panofsky, 1939, pp.151-153）。

　　半世紀之後，提香注意到西賽羅系譜學上的意見，完成《愛神邱比特的教育》（*Venus vendando o Cupido [The Education of Cupid]*，1560-65）之畫作（圖 2.5）。畫中厄洛斯和安特洛斯伴著維納斯，

　　　　　被遺忘的愛神：神話、藝術、心理分析中的安特洛斯　|

圖 2.4　提香，《神聖與世俗的
　　　　愛》，油畫，1515 年。
　　　　收藏於義大利羅馬／阿里
　　　　那利，波格賽美術館。
©版權為布里奇曼藝術圖書館所有
（Copyright © The Bridgeman Art Li-
brary）

提香強調了這兩兄弟之間光明與黑暗的張力。眼盲和處罰的主題輕
巧地傾斜了畫中的平衡：安特洛斯，有著較大尺寸的雙翼，他一邊
依偎在維納斯肩上、索求她的注意力，一邊看著她爲較年長但地位
較低的兄長矇上眼睛。

　　帕諾夫斯基（1939, pp.155-169）根據插畫家文生佐‧卡達里
（Vincenzo Cartari）的《古人的神明圖像》（*Le imagini de I dei de gli
Antichi*, 1571/1996），形成他對文藝復興時期柏拉圖主義者的詮釋。
帕諾夫斯基以一則婚姻寓言來解讀這幅畫作，這與前期的那幅傑作
非常不同。比起阿爾恰堤和雷尼，他將厄洛斯矇眼、解除武裝以稍
微不具道德化的方式呈現：武器沒被燒掉，而是放在兩位仙女 ──
可能是朵莉（Dori）和阿米拉（Armilla），優美三女神（The Gra-

圖 2.5　提香，《愛神邱比特的教育》，油畫，1565 年。源自波格賽美術館，義大利羅馬／阿里那利。

ces）之中的兩位所妥善保管的地方。美術史學家爭論著這兩位助手的姿勢：她們是在厄洛斯被矇眼之後，守護著他的武器，還是她們正朝他移動，要將武器還給他？在提香弟子對此畫作所繪的另一版本中，被矇眼的厄洛斯拿著弓箭。更強烈暗示著厄洛斯是特別危險和任性霸道的，因為他無法選擇他的目標物（Falomir, 2003, p. 402）。在《愛神邱比特的教育》這幅畫中，提香將地表景緻沐浴在傍晚日光的橘紅色調下，紅藍交錯的前景則描繪著三位一組的女性正替厄洛斯蒙上眼睛、給予安特洛斯特權。

　　當我看著有株生動樹木的龐貝濕壁畫複製品，再看看這些基督教化的圖像當中所復甦的安特洛斯，我發現自己正在後者中尋找心

靈補償的證據。在中世紀，基督教權威是畫家們的主要贊助者，能指定要繪製的主角以及主角被處理的方式。書面合約載明那些傳教士留著鬍子、哪些剃光鬍子；聖母瑪利亞的的長袍該是哪種品質的水藍色、有多少預算可花用在此之上……諸如此類的事情（Baxandall, 1972）。集體意識由這些權威者所代表並制定規則，但要作畫變得越來越複雜，因爲贊助者的範圍擴展到包含了貴族與商人。在社會習俗和合約規範之間的空隙，藝術家爲某些補償性的，甚至是某些完全顛覆、搗蛋鬼般的事物，找到了可能性；就如同在中世紀，藝術家們爲惡魔和野獸找到棲息在彩色手稿邊緣的位置。按照這些例子，厄洛斯和安特洛斯所代表的鮮活動態關係，會以什麼方法避開集體意識，並且對於其神話的復甦造成顛覆呢？

有一幅令人好奇的像是曼陀羅的畫作（圖 2.6），現在正收藏在羅浮宮，可能指出一種心理上的策略。這是由施利希廷的羅勒男爵（Baron Basil de Schlichting）在第一次世界大戰的前幾個月，遺贈給羅浮宮的圓形浮雕畫（tondo）。因爲幾世紀以來其出處被誤認，這幅畫作一直是個謎。藝術史學家現在認定這是索多瑪（Il Sodoma / Giovanni Antonio Bazzi, 1477-1549）的作品，主要是因爲此畫作邊界上的怪異形狀，讓人想起索多瑪於 1505 年畫在義大利大橄欖山天主教堂壁柱上的濕壁畫。但是畫作主題仍然是未解之謎。直到最近羅浮宮才將此歸類爲《愛的寓言：愛與貞潔》（*Allegory of Love: Love and Chastity*, Jamot, 1920）。換句話說，這可能是柏拉圖《饗宴篇》的孿生維納斯。在龐貝濕壁畫當中，一位維納斯站在左側，另一位則坐在右側。

索多瑪以畫作對於安特洛斯的古典神話、以及他自己時代的情

圖 2.6　索多瑪，《愛的寓言》。收藏於羅浮宮，巴黎。
©版權為法國國立博物館聯會所有（Copyright © Réunion des musées nationaux）

慾問題，所作的評論已經夠多了。在索多瑪的畫作中心聳立的並非一株綠樹，而是兩棵樹木的分裂圖像，一株死去、一株活著。在左側（亦即罪人那側），枯死的樹是人間維納斯的特徵。她身著紅衣站在樹前，厄洛斯的弓和箭桶就掛在無葉的枯枝上。在道德高尚的右側，活力盎然的樹宛如天上維納斯散發的光輝，她半裸、綠袍半掛的坐著。撼動人們想像的是，在維納斯們身旁的是四位、而非兩位愛神。索多瑪似乎是藉由倍增孩子的數量來反駁分裂之樹的形象，為何如此呢？

　　　　　　被遺忘的愛神：神話、藝術、心理分析中的安特洛斯

索多瑪所遵循的那份將愛神圖像加倍的動力，在阿古斯提諾‧尼福（Agostino Nifo, 1473-1539）的著作當中也有對等的語彙。尼福在寫到關於安特洛斯時，發現他自己受到傳統上低等與高等的愛情形式的二分法所困擾。為了避免將厄洛斯歸為肉體、安特洛斯歸屬於靈性，他為每種愛都創造厄洛斯—安特洛斯的配對，由長母音或短母音來區分。在其著作《論愛》（*De Amore*, 1529）之中，帶有長母音「o」的厄洛斯是世俗肉慾熱情的守護者；短母音「o」的厄洛斯是高貴之愛（amour honestus）的守護者。在他的另一著作《宮廷之事》當中（*De re aulica*, 1534），每位愛神都有對應的另一半：帶有長母音、以及短母音的安特洛斯。承認同時具有世俗肉慾的愛、與精神靈性的愛，尼福的亞里斯多德式研究法創造出他有趣的加倍策略：與其將厄洛斯的名號派給前者、安特洛斯派給後者，他轉而將祂們更特定化，替兩者都安排兩位神祇（詳見 Merrill, 1944, pp. 278-279）。

　　我想像索多瑪與尼福，對於安特洛斯的「復甦」（récupération）不能滿足，並且渴求一個重修舊好。就像他們在無意間，一位直覺地以圖像表達、另一位經由邏輯發現，將對立兩方的互動細分為四角狀態的進展手段。將被蒙眼的厄洛斯與復甦的安特洛斯這兩極加倍，就會打破原型分裂的死結狀態，並且極有可能因為他們共有的新基礎，將這兩兄弟更進一步的整合。繪製或命名兩位不同的厄洛斯與兩位相異的安特洛斯，將會開展他們之間的劇情；或者如同悖論般的，在他們原本的地位上前進又後退，在基督教集體意識將他們扭轉成強烈的彼此對抗之前。

　　反對安特洛斯復甦更為激進的反應，來自米開朗基羅‧梅里西

（Michelangelo Merisi），他以卡拉瓦喬（Caravaggio, 1571-1610）之名更爲世人熟知。1602 年，卡拉瓦喬受到贊助人，文森佐‧裘斯蒂尼安尼侯爵（Marquis Vincenzo de Giustiniani）委託繪製《得勝的邱比特》（*Amore Vincitore*）（圖 2.7）。就某方面而言，這次的委託，

圖 2.7　卡拉瓦喬，《得勝的邱比特》（Amore Vincitore）。油畫，1602年。收藏於德國柏林國立博物館。
©版權爲布里奇曼藝術圖書館所有（Copyright © The Bridgeman Art Library）

使卡拉瓦喬與他所尊崇的幾位同代藝術家中的安尼巴萊・卡拉齊（Annibale Carracci）為敵。安尼巴萊・卡拉齊曾在他為法尼榭宮所作的濕壁畫當中，引用厄洛斯與安特洛斯的主題。卡拉齊最重要的作品《愛情征服一切》（*Omnia vincit amor*）明顯取材自古羅馬詩人維吉爾（Ecologues, 10.69），描繪著遠古神祇為愛所征服的場景（Langdon, 1998, pp.207-221），他藉由將厄洛斯和安特洛斯的纏鬥安置在藝廊的四個角落，建構出柏拉圖派學者對這些故事的論證。框架在異教徒經典神祇的內容之下，卡拉齊得以再次將這對手足描繪為勢均力敵的對手，呈現天使間的競賽：起初為了橄欖樹枝，接著為了正義的皇冠，然後是倒放的燃燒火炬，最後擁抱在他的文字敘述所要求的和平解答當中（Colonna, 2007, pp.69-71, pp.100-111，亦可見圖 i 的厄洛斯與安特洛斯）。

另一方面，裵斯蒂尼安尼侯爵在委託中指示卡拉瓦喬，要贏過他的兄弟卡迪諾・裵斯蒂尼安尼（Cardinal Giustiniani）所擁有的畫作，那幅人物肖像由喬凡尼・巴約尼（Giovanni Baglione, 1571-1644）所繪製，巨大、成熟、身著深色盔甲的安特洛斯征服了弱小、裸身、處於青春期的厄洛斯。這則故事更有可能的版本是，巴約尼在繪製他的畫作《神聖的愛》時，帶有妖魔化和打敗卡拉瓦喬作品的企圖；這張圖他畫了兩次的事實，支持了這個版本的軼事，也意味著他輸給了卡拉瓦喬（Marini,1987, pp.459-461; see also O'Neil, 2002）（圖 2.8）。

不論引來委託的競爭是什麼，卡拉瓦喬大膽繪製《得勝的邱比特》，他筆下獲勝的厄洛斯，顛覆了當時柏拉圖學者與蘇格拉底的傳統。卡拉瓦喬似乎是以一名街頭乞丐作為他的模特兒，厄洛斯僅

帶著盛氣勃勃的暗色雙翼和一抹淘氣的微笑，對比著他的身形，同時承接柏拉圖學派透過理想化典型呈現經驗的慣例。他的視力和弓箭已被修復歸還。卡拉瓦喬的厄洛斯再次以所有能量調皮抵禦著，就像在米開朗基羅（Michelangelo Buonarroti, 1475-1564）的《勝

圖 2.8　喬凡尼·巴約尼，《神聖的愛》，或《神聖與世俗的愛》
　　　（Amore Divino），油畫，收藏於羅馬巴貝里尼宮。

利》（*The Genius of Victory*）雕塑當中，以那樣的姿態來安置他自己。那件大理石雕塑刻畫出具有強勁雙腿的少年，毫不同情壓在蜷縮成一團的老者身上、保持平衡（圖 2.9）。替代老者的是，在卡拉瓦喬的厄洛斯雙腿之下，擺放著所有社會道德與智性價值的象徵物：音樂與幾何學的器具、書本與樂譜、月桂冠的花環、皇冠、權杖、地球儀，可能還有被復甦的安特洛斯的空盔甲。

　　卡拉瓦喬以《得勝的邱比特》挑釁地對抗著那個時代的傳統基督教道德觀。就像煉金術師，他將人類經驗、甚至神祕體驗，刻劃為血肉之軀中的精神靈性：儘管危險，卻必需在具體、感官、肉體的現象當中才能體現。藉由這幅畫作，卡拉瓦喬慶賀著厄洛斯的教儀，並且以另一種聖潔的互補形象，是在羅密歐與茱麗葉之間、在莎士比亞十四行詩之中，那種強烈、具有性慾的「情愛聖潔」（erotic sanctity），以此對抗著安特洛斯的「復甦」（récupération）。這是項大膽的舉動，侯爵接受其博物館長約阿西姆（Joachim von Sandrarts）的建議，將他得勝的畫作以綠色布幔蓋住，除了使之對每位新參觀者的呈現過程戲劇化，也保護畫作免於當權者的眼光和反對之聲。

圖 3.1　《諾埃爾尼古拉，孔蒂親王夫人》（Madame de Bourbon-Conti）。油畫
　　　　作品，1731。約翰林林（John Ringling）遺贈，1936。
© 版權為約翰與梅波林林美術館，佛羅里達州立美術館，佛羅里達州立大學分部所有。
（Copyright © Collection of The John and Mable Ringling Museum of Art, State Art Museum of
Florida, a division of Florida State University）

安特洛斯化身法國啟蒙時期「回應的愛」[1]

哪位神祇她將大膽召喚？祂將足夠強大到對抗愛情嗎？

──皮耶・蕭代洛・德拉克洛

《危險關係》[2]

1　Contr 'amour 在本書中譯爲「回應的愛」
2　Pierre Choderlos de Laclos, *Les Liaisons dangereuses* (1782), Lettre XXIII, p.82.

文藝復興時期的法國作家，以法國當地方言詮釋安特洛斯復甦的神話，就是那則實際上服膺於卡布雷多、弗雷哥索以及阿爾帕堤等人的基督教靈性論述的神話。這些作者的作品，提倡對抗甚或消滅性愛。法國作家湯瑪士・西畢耶（Thomas Sebillet）仿效此風，他翻譯弗雷哥索於 1496 年所寫的論文，並在 1581 年以《回應的愛：安特洛斯或相互回應之愛》（*Contr' amours: l'anteros, ou contr' amour*）的書名出版，他增加了副標題，將此書總結爲「克雷蒙的紳士巴蒂斯普拉丁抵擋愛情喪心病狂的對話錄」。兩百年後，後世稱爲啓蒙時代（Enlightenment）的顚峰時期，狄德羅（Diderot）將安特洛斯作爲回應的愛（Le Contre-amour）納入時代經典《百科全書》（*the Encyclopedie*, 1751-65）的第一卷。

　　加諸於安特洛斯形象上的道德化，形塑了「安特洛斯討論」（discours anterotique）的新興潮流。十六世紀作家在不同文本當中，使用法文詞彙「良性的友誼（honneste amitie）」、「完美無瑕的友誼（parfaite amitie）」，以在不同脈絡下的不同觀點，援引安特洛斯來指稱互惠的愛（reciprocal love）、或是堅貞純愛（virtuous love），重建著希臘、羅馬、基督教對於其故事變異的面向（Langer, 1994, p.100）。也因此在宮廷愛（courtly love）的傳統當中，安東尼・霍耶（Antoine Heroet）利用此一神話說服對他冷漠疏離的女士，爲他提供一些能將他的迷戀強化成更值得讚許的奉獻善行。在其著作《從柏拉圖摘錄而來的另一則故事：唯有被愛時，方可愛人》（*Aultre Invention extraicte de Platon De n'aymer point sans ester ayme*, 1542a），霍耶以寓言故事的形式詳述安特洛斯的故事，展現男性的愛初步展開後，只有當女士有所回應時才得以成熟。在《完美的女

性朋友》（*La Parfaite Amye*, 1542b）一書中，他描繪柏拉圖教派中的理想愛。將費奇諾的義大利文版柏拉圖著作翻譯成法文，霍耶倡導以美學作爲超越的一種方法，不過在此同時，他也辨識出其危險的效應。

有群特定的法國詩人以相似模式呈現安特洛斯。瑪格麗特·德·昂古萊姆的新詩〈納瓦拉女王〉（The Derniéres poésies of Marguerite d'Angouleme, Queen of Navarre, 1942-1549）以不堅定的人類愛情可以轉化爲神聖的愛，來描繪安特洛斯式的進展（anterotic process）。在皮耶·德·宏撒（Pierre de Ronsard）的詩作，第二十九頌〈魔術和愛的拯救〉（Ode XXIX, 'Magie ou deliverance d'Amour'）[3]裡，將安特洛斯作爲這位愛人於困境中的解救者，否定了厄洛斯：

> 安特洛斯，借我你的手
> 用力插入你各式各樣的箭：
> 對我來說，你必須熄滅
> 那點燃人類種族的火把
> 我乞求您，偉大的神明，請不要遺忘我
> 來吧，男孩，在我身旁清空
> 你帶來的那個箭袋
> 醫治我的瘋狂

艾蒂安·若岱勒（Etienne Jodelle）也採取相似的姿態：在他的

3　Ronsard, 1584, pp. 347-350, ll.21-28.

十四行詩〈反對愛情〉（Contr' Amours, 1574）中，他並不爭論對於互惠愛或神聖愛的偏好，卻反對所有的愛。莫里斯・賽弗（Maurice Scève）在他的詩集《索爾賽》（*Saulsaye*, 1547）中以「安特」（Antire）命名一位對愛免疫的牧羊人，並且提供對於受情慾相思所苦的治療妙方——因此副標題為「孤獨的生活」（Eglogue de la vie solitaire）。

十六世紀的法國，Contr' amour（回應的愛）、Ferme Amour（堅定的愛）、Vraye Amour（真正的愛），以及 Amītīé（友誼），這幾個詞彙都是基督教下的安特洛斯變形形式，並且以下列兩種基本方式之一來運作。如果厄洛斯代表的是毫無限制的渴望，那麼他的對立面安特洛斯，就代表理性或者合理的愛；如果厄洛斯代表的是自私的慾望、追求自身滿足，那麼安特洛斯就代表回應或相互的愛。法國的詩人們遊走於，被阿爾恰堤的文藝復興柏拉圖學派所幼體化的厄洛斯，受到牽制綁縛、被迫為他較強大的弟弟所戒護，其不同程度的形象之間（Defaux, 1994, p.166）。不過無可辯駁的是，在當時所有這些法國場景中，厄洛斯和安特洛斯的根本差異，就象徵標誌上來說，厄洛斯眼盲、安特洛斯則視力良好（Cottrell, 1994, p.126）。

不僅是詩人，連醫學作家都著手處理這則神話（Berriot-Salvadore, 1994）。1599 年醫師作家尚・奧伯希（Jean Aubery）出版了《愛情解藥》（*L'Antidote d'Amour*）。在此書中，他條列避免愛情熱戀的生理因素，以及從中復原的解藥。1610 年，另一位在法國南部阿讓地區的雅各・費宏（Jacques Ferrand）醫師，出版了他關於愛情心理病理學的百科全書論文，書名為《相思病或愛情憂鬱症》（*Of*

Lovesickness or Erotic Melancholy）。在〈治療已婚人士相思病的處方〉一章當中，費宏參考提米斯提烏斯的安特洛斯神話，強調婚姻關係中對等互動的必要性：

> 愛是藉由人類情感交相互惠的天性而獲得承諾保證：「我將向你展示如何不用春藥、或是神奇魔咒來贏得愛情；如果你希望被愛，就先去愛人吧」，這是來自詩人塞涅卡（Seneca）的文句。當安特洛斯在場時，厄洛斯甚至看來更高大、英俊，當他不在時，愛似乎就消退了。正是因為如此，誠實的愛撫、柔情的字句、和溫和的禮貌總是合用。
>
> （Ferrand, 1610/1990, p.338）

　　費宏所選擇的解讀，較接近古典對於安特洛斯的看法，而非文藝復興柏拉圖學者的見解，他的立場也更加容易受到基督教審查的威脅。1620年，教會和南法國會（Parliament of Toulouse）同時譴責他的論文是「公然藐視公共道德與善良風俗」。這本書的所有複印本都被召回、焚毀，費宏千鈞一髮逃過了與公開自稱為無神論者的朱利歐・凡尼尼（Giulio Cesare Vanini）之相同命運，後者受到了公審，並在前一年被施以火刑而燒死在法國南方圖盧茲的刑柱上。

　　費宏的書籍被燒毀，與教會禁止在宗教脈絡下使用神話意象的「反宗教改革」（Counter-Reformation）於同一時期發生。與之前天主教會議不同的是，特利騰大公會議（Council of Trent, 1545-1563）在最後一個議決中頒訂了宗教意象的項目。只要傳統圖像缺乏適切的屬靈基礎，反宗教改革就禁止使用它們。在宗教藝術當中納入傳

統異教元素的象徵符號，也受到禁止。這些作爲並未完全消滅與神話相關的屬靈內容，但明顯阻止了對於異教主題的使用。

希臘神話被宗教藝術所驅逐，而在其他場域蓬勃發展：非宗教式的思想和藝術表現的發展，也就是我們現在所稱的新古典主義（Neoclassicism）便由此而來。在十七、十八世紀的法國劇場界，安特洛斯並未於任何現存文件中被明白指名，然而，他的神話在當時其他地區的劇場界裡小規模地受到了討論。舉例來說，英國喜劇巨匠班・瓊森（Ben Jonson）寫了段名爲《歡迎愛》（*Love's Welcome*）的喜劇，在 1634 年的 7 月 30 日於薄爾索佛城堡爲國王與皇后演出。故事中，兩位愛神厄洛斯和安特洛斯介紹了他們自己（Jonson, 1634, pp.807-814）。伊爾可利・伯納貝（Ercole Bernabei）寫了齣歌劇《厄洛斯與安特洛斯》（*Erote ed Anderote*），於 1686 年在慕尼黑首次登台演出；台詞原稿是執拗不斷的說教（音樂部分現已流失）。法蘭西斯科・可拉第尼（Francesco Corradini）在十八世紀早期主導馬德里的音樂界，創作出《征服與被征服：安特洛斯與邱比特》（*Vencer y servencide: Anteros y Cupido*）的西班牙說唱劇，首度在 1735 年 2 月 14 日的情人節演出。當時更爲主流的並非厄洛斯與安特洛斯，而是由「愛神」所主導，舉例來說，1774 年在法國由皮埃爾・路易・莫里內（Pierre Louis Moline）於巴黎演出葛路克的《奧菲歐與尤里迪奇》（*Gluck's Orphée et Euridice*）。在第一幕，奧菲歐收到愛神來訪的啓發，他啓程前往陰間挽回他所鍾愛的尤里迪奇，但在第二幕他情不自禁地回頭看，而導致再次失去她。新古典主義的感性鼓舞了對神話的重製，因此在第三幕，愛神（以安特洛斯的特徵姿態）再次現身，讚揚奧菲歐對愛情（或者厄洛斯）的忠誠，並讓

愛人們團圓直到永遠。

　　安特洛斯現身的另一處是在私生活領域：比如說，在法國私人肖像畫的裝飾細節上。在法文的第一本字典當中（1680 年出版），凱撒—皮埃・西緒雷（César-Pierre Richelet）不只將「privé」一詞定義為「熟悉的」，也是類似於英語中「在家」一詞的意義：這詞彙的意涵，結合了自由選擇社交關係之熟悉感與隱私的概念，是發生在介於公眾生活與家庭生活之間的新興空間的，歡樂的社交親密感（Chartier, 1989, p.400）。私人肖像以裝飾性的社會角色來表揚這個概念。

　　舉例來說，1731 年，法國藝術家諾埃爾—尼可拉・科佩爾（Noël-Nicolas Coypel）替孔蒂親王夫人（Madame de Bourbon-Conti, 1693-1755）畫了幅肖像畫（圖 3.1）。她是國王路易十四世的孫女，嫁給德國路易士・阿曼德二世、康提王子（Louis Armand II, Prince of Conti）的公主。科佩爾以阿芙洛蒂式及兩位愛神的象徵手法來呈現她。在她左側（觀賞者的右側），金髮、羽毛雙翼的厄洛斯漂浮著，用左手拿著一隻小愛神箭；深色頭髮、蝴蝶翅膀的安特洛斯，則歇息在她的右肩膀上。花環將她的右手與胸口串連到這兩個孩子的手中，或者說是光輝之中。安特洛斯身後是田園牧歌的林野；厄洛斯身後則是更為大幅寬廣的山脈與雲彩，當然，畫作將孔蒂親王夫人明確的置於前景。科佩爾強調了她的裝扮，她的姿態自然優雅、她的珠寶簡潔俐落（由緞帶繫起的端莊珍珠手鍊，這是當時的流行款式）。就像舞台上的女演員，她表現出被視為隨性自然的看向右方的姿態，彷彿正期待著情人的到來。

　　由於法蘭西學院認為人物肖像是次於歷史畫作的類別，像科佩

爾這樣的藝術家便藉由在畫中影射歷史，來提升他們作品的地位。孔蒂親王夫人（Madame de Bourbon-Conti）的肖像畫，就特別影射托爾夸圖‧塔索（Torquato Tasso）所著述的史詩《耶路撒冷的解放》（*La Gerusalemme liberata*）中，里納爾多和阿爾米達（Rinaldo and Armida）的故事。這個有名的義大利史詩，是1686年菲利普‧昆諾特（Philippe Quinault）以及尚—巴布迪斯特‧盧利（Jean-Baptiste de Lully）所寫的歌劇（以及1777年克里斯托夫‧葛路克〔Christoph Gluck〕的歌劇）（圖3.2），還有凡爾賽哥白林工廠所編織的一系列室內掛毯的創作基礎。這是關於薩拉遜人試圖派遣女

圖3.2　加布里埃爾‧德‧聖‧奧賓（Gabriel de Saint Aubin），《昆諾特及盧利的歌劇阿爾米達在巴黎皇家歌劇院演出》，1761年，鋼筆、水彩、水粉在鉛筆草稿上。

© 版權為波士頓美術館所有（Copyright © Museum of Fine Arts, Boston）

　　　　被遺忘的愛神：神話、藝術、心理分析中的安特洛斯

巫阿爾米達引誘十字軍騎士里納爾多以毀滅他的故事。故事從愛情陰謀轉變成異教徒阿爾米達與里納爾多陷入愛河的兩相情悅；就像奧德賽破除賽絲所下的魔咒，里納爾多最終逃離阿爾米達的魔島，回歸十字軍東征。夏勒‧科佩爾（Charles Antoine Coypel，他是諾埃爾—尼可拉的外甥，只比他小四歲）替哥白林織毯工廠設計出這故事的圖像。諾埃爾—尼可拉在他的肖像畫中影射阿爾米達和里納爾多的著名歷史，以及阿芙洛蒂忒、厄洛斯、安特洛斯（以及她所等待的戰士，第四人物阿瑞斯）的神話。以令人愉悅的柔和色彩作畫，搭配私人沙龍的內部設計，這幅肖像畫將孔蒂親王夫人描繪成歷史上異教的魅惑魔女、神話中美與愛的異教女神等受人注目的要角，細緻襯托著她。

反宗教改革在1648年隨著三十年戰爭結束而告一段落。一百年後，當科佩爾繪製私人肖像畫時，法國啟蒙運動的人士正在攻擊教會，並且對於理性之意識型態予以特權。他們的聲明之作《百科全書》就宣稱「理性之於啟蒙運動者，就如同神恩之於基督教徒。神的恩典感動基督教徒的行動，理性則促動啟蒙運動者」（*Encyclopédie*, 1751-65, p.510）。甚至連孔蒂親王夫人也支持《百科全書》以及伏爾泰所啟發的思想，伏爾泰大膽告誡法國人「要擊碎一切無賴（Écrasez l'infâme）」。

1751年，在《百科全書》第一冊發表之前的先行論述中，一位共同編輯達朗貝爾（Jean le Rond d'Alembert）刻意引進啟蒙世代（siècle des lumières）一詞：「《百科全書》將會提供合適於最先進啟蒙階段的知識概要」。其副標題「科學、藝術與工藝的辭典」（Dictionnaire raisonné des sciences, des arts et des métiers），強調理性

作爲其貫穿主軸和方法慣例。希梅爾法布（Gertrude Himmelfarb, 2004）在區分由德性社會學所形塑的英國啓蒙運動、受自由政治所影響的美國啓蒙運動、以及由理性思想所驅動的法國啓蒙運動時，她指出，不同於《大英百科全書》（Encyclopaedia Britannica）的三冊書籍，《百科全書》並未將國號放在書名之中。《百科全書》是由1751 至 1772 年之間出版的二十八冊所組成，並於 1780 年發行了七冊補遺書卷。《百科全書》的確無所不包、觸及甚廣。啓蒙運動者宣稱巴黎是全歐洲──實際上是全世界──智慧的首都，並自認爲是一群讀書人用多卷的「知識之樹」，來提供他們的訂購者以非凡理性思考之果實。

　　德尼‧狄德羅（Denis Diderot, 1713-1784）是小說家、劇作家、哲學家、藝評，理性時代的創建者，《百科全書》的共同編輯與捍衛者。他最早的著作《哲學沉思》（Pensées philosophiques, 1746）是匿名出版；法國國會因爲此書的知性簡潔與才華洋溢的風格，將其視爲特別危險而禁止。他的傳記作者弗班克（P. N. Furbank）則將狄德羅的整體反思歷程，解讀爲截然不同的雙面刃。比方說，弗班克追蹤了狄德羅對於 1765 年巴黎沙龍展的回顧文章中獨特的雙層歷程。在此文中，狄德羅評論了由尙─歐諾黑‧費哥納（Jean-Honoré Fragonard）所作之畫作。他首先充滿同理的追溯費哥納身爲藝術家的創作歷程，想像畫家從缺乏形體的混亂虛無朝著他的藝術目標前進，一路上掙扎並擺脫無數的繪畫觀念，然後狄德羅再次以文字展現他自己觀賞這幅畫作時的評論歷程。他不厭其煩回應費哥納的歷程，然後充滿批判地重新評估他自己的反應。弗班克描述狄德羅這種天生矛盾的技能，是「將充分感受他人立場的好處，與自我克

制、自我分離的優點互相結合的能耐」（Furbank, 1992, pp.8, 277）。

對於其澄澈雙面覺察的傑出能力，在狄德羅最著名的作品，像是《達郎貝之夢》（*D'Alembert's Dream*, 1769）、以及在他去世後才發表的作品《宿命論者雅各》（*Jacques the Fatalist*, 1796）當中，狄德羅具有視對話為哲學、文學形式的偏好。他的小說《哈穆的姪兒》（*Rameau's Nephew*, 1821）也詳述在「狄德羅─我」與一位著名作曲家之姪兒，尚─馮索瓦·哈穆（Jean-François Rameau）這個惡人角色之間的對話內容。小說家狄德羅讓他的啟蒙運動者人格面具──為了公民資格和利他主義的價值而輕易與人爭辯的那一方，與蒙受叔父為人頌讚的天才所扭曲、進而奪去他所有思考和行動的第二人格進行對抗。狄德羅的諷刺小說鞭斥這位姪兒的犬儒主義，也譴責啟蒙運動者用格言說話的傾向。在《行動的矛盾》（*The Paradox of the Acting*, 1733/1994）書中的對話起始於一個概念，即一位傑出的演員能夠有力地描摹情緒，是因為他對此沒有情緒、態度超然。從此處發想，狄德羅描寫了對於道德行為的論述：有效且具有說服力的行為，如何不以流行的煽情方式表達，而能以道德和情感超然的狀態而有最佳的達成（Diderot, 1773/1994, p.98-99）。

狄德羅為《百科全書》的第一卷寫了關於「愛神或邱比特」（Amour or Cupidon）和「安特洛斯或相互回應之愛」（Anteros or Counter-Love）的條目。不令人意外地，他將厄洛斯描述為在神話根源和表現型態上都有本質的自相矛盾：

愛神或邱比特（神話學），異教徒神祇，關於其誕生有一百種

不同的傳說，被描繪於一百種不同的偽裝之下，幾乎每一種都同樣適合他。愛情不停止乞求：因此柏拉圖稱它為貧窮的兒子。據赫西俄德（Hesiod，古希臘詩人）所言，他喜歡搗蛋、似乎從混亂中誕生。他是崇高情感與世俗慾望的綜合體，莎弗顯然明白這點，將愛神視為天堂與人間之子。當西莫尼德斯（Simonides，古希臘詩人）宣稱愛神是維納斯和馬爾斯的兒子時，我相信他心中也有力量與虛弱結合的概念，這是任何人都可以從愛人之間的行為所觀察到的。對於阿爾克米翁（Alcmaeon，古希臘哲人）而言，他是花神芙蘿拉（Flora）和西風之神賽非爾（Zephyr）所生，是反覆無常和美的象徵。有些人蒙起他的雙眼，顯示他有多盲目，另一些人將手指按在他嘴唇上，表示他需要慎思明辨。他被賦予的雙翼是輕盈的象徵；弓箭則象徵著力量；一把火炬代表了活動力。在某些詩詞當中，他是重視和平、和諧，與所有美德的神祇。對其他人來說，他是殘忍的神、是所有罪惡之父。的確這些都是愛情，根據他所佔據的那些靈魂而定。甚至在同一個靈魂裡，這些角色接連出現：有些愛人在某一刻是天堂之子，下一刻卻是地獄之子。除此之外，愛神有時候也被描繪成捏著蝴蝶的翅膀，折磨撕扯著：這個比喻明白到不需要多做解釋。

（《百科全書》，1751-65）

狄德羅描述的厄洛斯，是神聖與世俗、天上與人間、崇高莊嚴又荒誕不經的，他也強調這些極端如何在不同生命裡，或者在一個人的生命中陸續展現。這個條目以感人的低調觀察作結：厄洛斯造成巨大的痛苦。狄德羅以厄洛斯所戲弄折磨的蝴蝶，作為對於愛情

體驗的世俗描述——他認爲這對讀者來說是不證自明、不需對其意義多做解釋的比喻。

對於安特洛斯的條目也同樣生動有力：

安特洛斯或者回應的愛（CONTRE-AMOUR），神話學，維納斯與馬爾斯的兒子。傳說中維納斯向泰美斯抱怨，愛神（Love）一直維持在嬰兒的狀態。泰美斯回應道，直到你有另一個兒子，不然他將持續如此。有了這個解答，這位女神留情於戰神；回應的愛（Contra-amour）於焉誕生，維納斯的第一個兒子就長大了。她的兩個兒子都有翅膀、箭桶與弓箭。他們經常被放在一塊：我們可以看見他們在古代皇宮浮雕上爭奪棕櫚樹枝。保薩尼亞斯（Pausanias，古羅馬時代的希臘地理學家）提到一座安特洛斯的雕像，這位神祇抱著兩隻公雞在胸前，試著讓牠們移到他頭上。他享有神聖的榮耀；雅典人為他設立祭壇。邱比特是愛情之神；安特洛斯則是回應愛情的愛神。

在這段簡短、輕描淡寫的條目中，這位38歲的啓蒙運動者將字首counter解釋爲較不屬於「對立」，而是「互補」或者「呼應」之意，來定義 contre-amour。對於安特洛斯所積累的歷史，狄德羅決定納入或忽略哪些部分，是令人好奇的。狄德羅提到維納斯和泰美斯的故事，卻未說出其來源出自於提米斯提烏斯。他引用保薩尼亞斯在依利斯所發現的安特洛斯肖像圖案，卻對保薩尼亞斯的梅萊斯和提馬戈拉斯的同性愛情故事、以及在雅典衛城的祭儀隻字未提（編按：詳見第一章）。這可能是因爲他採取哲學上抽離與涵容的

姿態，將本質上衝突或對立的厄洛斯面向，整合在他所定義的愛（Amour）之中，他不太需要文藝復興時期基督教的解讀，將厄洛斯定義爲世俗、對抗著安特洛斯的神聖。他以傳統雅典人所崇敬的正向神聖的安特洛斯，將其視爲相互回應之愛的想法來作爲總結。

狄德羅對於安特洛斯所寫的簡短文字段落有何重要性？他涵納這條參考文獻，顯示了他對於安特洛斯概念的敬意。或許在理性時代，他認爲安特洛斯的神話是合乎理性的。要是如此，他的意圖就像是驅使劇作家葛路克（Gluck）給予《奧菲歐與尤里迪奇》一個正面結尾那樣（或是那鴻・泰特〔Nahum Tate〕在 1681 年重寫莎士比亞的李爾王，讓寇蒂莉亞得以倖存的那股衝動）。也許狄德羅用以對抗教會的唯物主義論述，以及笛卡爾哲學對於身體與心靈的二分，還回歸了厄洛斯自身內在的矛盾對立本質，以及至少，他將安特洛斯從代表精神靈性的對立面釋放了出來。也或許，這個條目可以被解讀爲這位啓蒙運動者的願望。

在他非常年輕的時候，狄德羅曾經從巴黎返回位於朗格（Langres）的家鄉，向家人宣布他與美麗的麻布蕾絲工人安妮（Anne-Toinette Cahmpion）的婚約。他父親反對這門婚事，認定他具有自由思想的大兒子自行決定這件事情十分魯莽放肆，於是將他逮捕並囚禁在一間修道院。狄得羅設法從那逃出，在他的婚姻獲得家族認可之前，就與他太太及岳母偷偷摸摸住在巴黎六年。不過與南妮（Nanette，對安妮的膩稱）的婚姻生活總是非常辛苦，這對夫婦對於像是如何教育，或是放鬆對女兒安琪莉可（Angelique）的社交管束等重要事務爭執激烈。1756 年，狄德羅時值 43 歲，他替《百科全書》寫下對於「愛」與「相互回應之愛」的條目五年之後，多多

少少公開了他與露意絲（Louise-Henriette [Sophie] Volland）的外遇關係。這段戀情持續至他的餘生，並激發他在寫給她的信中所展現的溫柔「回應之愛」。他太太知道對方的存在；他的女兒也知道而且欽慕著她。1784 年 2 月 22 日，露意絲辭世，享年 68 歲。五天之後狄德羅中風，並在五個月之後去世，享年 71 歲。

圖 4.1　搏鬥中的厄洛斯與安特洛斯。花器。

© 版權為維爾茨堡大學的馬丁・馮・瓦格納博物館所有

（照片攝影：K. Oehrlein）

（Copyright © Martin von Wagner Museum der Universität Würzburg .
Photo: K. Oehrlein）

法國浪漫宇宙觀的
地底神靈安特洛斯

冷漠是我過去的神。我躺在泥巴裡，在
充滿犯罪的空氣中弄乾自己。然後我玩弄起
瘋狂的把戲。

———亞瑟・韓波《地獄一季》[1]

1　Arthur Rimbaud（1854-1891），法國詩人。《地獄一季》（*Un Saison en enfer*）爲其代表詩作。

卡拉瓦喬（Caravaggio, 1571-1610），有時被視為浪漫主義者的先驅，卒於 1610 年。在接下來的兩個世紀，正統基督教宇宙觀變得無以為繼，因為牛頓的物理學削弱了對於上帝所創造維續，由永生、完美、和諧的天體組成之有力上界的信念。啓蒙時期，也稱作理性時代，科學家開始揭露地球和星體所遵循的物理法則並非上帝，而是稱作重力的機械力量結合了整個宇宙。

新古典主義思想家轉向古老文獻，試圖將這些發現融入為可接受的綜合體，但是在十八世紀中期，一場思想和感官上的改革爆發了。「上天」不再承載運作法則的集體投射。社會階層的顛覆，反映出了老舊宇宙觀的死去：美國革命（1775-83）、法國大革命（1789-99）、工業革命（1750-1850）漸次發生。由思想家和藝術家所造成的改變，後代稱之為浪漫主義，是同時對舊時錯誤的宇宙觀、和作為其替代品一段時間的形上學的反抗。浪漫詩學、美術、哲學的改革，使新的宇宙觀取代舊時思想。更精確的說，就像諾斯若普・弗萊[2] 在一場原名為「浪漫作為厄洛斯的遺跡」的演講中所指出：浪漫主義者站在古老宇宙的頭頂（Frye, 1983, p.264）。

基督教中世紀將宇宙分為四層。最上層——天堂——是神聖的範疇。中間兩層是人類本性的領域，較上一層屬於精神靈性、較低一層是肉體層次：罪人可以透過對身體的禁欲、克制拒絕所有層面的肉體生活，而從這些人性領域上升到天堂領域。第四層則是下等人或惡魔的世界。浪漫主義者完全翻轉了這個結構，他們主張理性將神的意象置於空洞的天堂，而真實的神聖力量是儲備在以往所譴

2　Northrop Frye（1912-1991），20 世紀加拿大文學批評家。

責的「地獄」世界，與他們經常將之人格化的自然本性緊密相連。他們依舊將人類領域分為兩層，但文明社會和虛偽行為在較上層領域，緊接著空洞的天堂；自然野性在較低領域，伴隨著惡魔世界，人類卻必須保有與之連結的管道，才能重新與生活法則連結起來。

在較舊的宇宙觀當中，我們所誕生的日常而墮落的世界，被想像成存在於理想優越的世界之下。然而在較新的浪漫主義建構當中，經驗的一般世界則座落在一個人類無可逃脫的強大世界之上。與狄德羅同期的當代人士，盧梭（Jean-Jacques Rousseau, 1712-1778）想像這層黑暗世界是充滿同情心，甚至母性慈祥、天生具有道德的，而「自然人」是由良善與道德所塑造，但同時又對文明社會的不當影響缺乏抵抗力。

自然本身，也同時被描繪成是危險、甚至具有侵略特質的。薩德侯爵（Donatien Alphonse Francois, Marquis de Sade, 1740-1814）表示，自然教導放蕩的浪人什麼是好的娛樂，什麼導致痛苦。薩德的《閨房哲學》（*La Philosophie dans le boudoir*, 1795/1965）可以直白地解讀為一種對歡愉和痛苦、美感與毀壞之間相互連結的積極防衛，但也可以諷刺地解讀成對盧梭「自然人」理論的反動論述，作為隱藏在理論之後對於事實的描述。薩德的書還可以從政治角度上解讀為革命之後對於任何進步想法的抗拒：薩德曾未經審判就被國王所囚，在法國恐怖統治（the Terror）時期因故而逃過斷頭台，之後又被拿破崙再次囚禁；他死於位在法國沙朗通勒蓬的庇護所。最重要的是，《閨房哲學》可被解讀成諷刺地以啟蒙運動者和他們《百科全書》式的語言來表達，滑溜地僭越法律的樣本書（Thomas, p. 580）。薩德將自己的作品定義為，對主觀浪漫主義計畫「人類心理

的深刻研究——自然界真正的魔幻迷宮」的投稿稿件（詳見他的文章〈對小說的反思〉[3]）。

在狄德羅、盧梭、薩德的世代之後，維克多・雨果（Victor Hugo, 1802-1885）為浪漫主義寫了宣言。他拒絕新古典主義者獨裁專制地認定美的單一面向。他主張那是立基在美學上的階層化，有意識地拒絕涵蓋人類經驗的全部。究其立場，雨果要求一種美學，能夠對新古典時期所排除的真實事物，特別是能對醜陋進行補償。對於這陰影般的孿生面，他認為可以在自然當中獲得深刻理解，也同樣渴求為人類領域所接納，雨果為此提出「怪誕」（the grotesque）的合法名號（Gaudon, 1989, p.645）。

同樣的關於神祇：透過重新設想人類身為非理性的自然存在，浪漫主義擴大其宇宙，涵蓋了在新古典主義中因為將人類理性神化為神聖理性而被排除放逐的神祇們。基督教正統教義曾提出下降到地獄探索的殘忍傳統情節。因為以舊時宇宙觀來說，地下世界是這些被放逐的神祇所居住的地方，在那下面只有地獄。舉例來說，在《神曲》（*The Divine Comedy*）中，作者但丁（Dante, 1265-1321）想像維吉爾（Virgil，古羅馬詩人）是他的嚮導，指引他穿越地獄和煉獄，但是這位古典詩人必須回頭，留下但丁在沒有他的情況下繼續旅程，順從神恩到達天堂。隨著浪漫主義對於宇宙的重新想像，出現對於下降經驗的全新評價，人們可以立志透過下降到自然界感官和極端的深層，以尋求超越真實與人為事物的限制；透過冥想和做夢，直觀下降到個人心靈異教信仰的深處。

3　Reflections on the Novel ,1966, p.106

　被遺忘的愛神：神話、藝術、心理分析中的安特洛斯｜

在浪漫主義的想像當中，厄洛斯的領域也被大幅擴充。情愛伴隨著野地原始力量的直覺，和人類與自然之間的靈性呼應（Ulmer, 1990）。文藝復興時期的藝術家以及新古典主義思想家都未曾認真考慮過：人類性慾的厄洛斯這個「自然之下」的層面，是神祕事物或原型力量的超大儲藏所。

瑞士畫家亨利·福賽利（Henry Fuseli, 1741-1825）的作品反映出浪漫時期轉變為強而有力的厄洛斯形象，預知了雨果「怪誕」的宣言。福賽利最知名的畫作《惡夢》（*The Nightmare*, 1781），強調了被稱為心靈非理性和怪誕層面的力量，藉著痛苦的附身來描繪情慾夢境：惡魔坐在快窒息的作夢者身上，黑夜的母馬從臥房的布簾之後現身。大約在 1790 年，福賽利也重新想像安特洛斯是「醜八怪」（grotesque），將安特洛斯／厄洛斯的關係以老人／少年（Senex-Peur）的動力關係來呈現。安特洛斯從陰暗的地下世界向上跨出步伐，並以老人的形象往前伸出左手要碰觸厄洛斯。福賽利透過怪異的反轉來呈現兩兄弟之間的緊張關係：較年輕的安特洛斯現在以老人的身形傾身向前，可能想要糾纏、壓制他俊美的男孩形象的兄長。

吉哈·德·涅爾瓦（Gérard de Nerval）[4] 對於充滿矛盾的浪漫主義之愛的經驗，呈現了最佳範例，涅爾瓦是最早的象徵主義者之一，也同時是超現實主義的先驅。他在 1826 年開始寫作，並在 1827 年發表對歌德《浮士德》的第一部分翻譯，當時他才 19 歲。之後，他了解到夢境是客觀日常世界和超自然地下世界的橋樑：

4　Gérard de Nerval（1808-1855），法國浪漫主義詩人與作家。

夢境是第二個人生。我從來沒有能力跨越過那些將我們與不帶一絲恐懼、看不見的世界分隔兩地的象牙或牛角柵欄。睡眠的最初時刻是死亡的景象；混沌麻木的感覺偷走我們的思考，然後變得不可能確定自我在哪個確切時間點，以其他形式持續著存在這個工作。昏暗的大山洞一點一點佈滿光線，從陰影深處，棲身於地獄邊境的蒼白物體們升起、來到眼前，莊嚴而寂靜。然後畫面逐漸成形，一種新的明晰照亮了這些怪異的身影，並且啟動他們——精神的世界為我們而開啟。[5]

在涅爾瓦創作力到達顛峰的時期，他嚴重受苦於精神失常，至少被安置入院八次。1855 年，在療養院醫生認為朋友們過於倉促地讓他離院之後，他被人發現在巴黎的舊燈籠路（Rue de la Vieille Lanterne）上吊自盡。雖然這幾乎可以確定是自殺事件，但醫生維護了死者的權益，讓涅爾瓦以基督教喪禮埋葬在聖母院（Notre Dame Cathedral）。[6]

從許多方面來看，涅爾瓦都是浪漫主義的重要代表人物，特別是他對於荒誕奇異和非理性事物的欣賞眼光。身為巴黎頂尖文化圈的一員，他透過精湛的技藝探索這些領域，然而他也充滿懷疑地質疑它們的道德有效性。他對於神祕事物有豐富的感受，他神智清明地描述這些體驗，卻似乎無法在他自身生活中利用這些經驗。

1836 年，28 歲的涅爾瓦遇見女演員珍妮·科隆（Jenny Colon），他陷入熱戀。對涅爾瓦來說，珍妮像是夢中來的人物；遇見

5　Gérard de Nerval, Aurélia, 1855/1999, p. 265
6　自殺在基督教傳統中被視為罪衍，以往許多教會拒絕為自殺者舉行喪禮。

她，替他的日常生活打開夢想生活之流。兩年後珍妮嫁給另一男子，並於 1842 年辭世。

　　涅爾瓦的文字，描寫出受到愛神厄洛斯所控制，以及當厄洛斯沒有充分彰顯，後續充滿詩意的喪失靈魂、甚至喪失自我認同這兩者的白熱融合。在其小說《西爾薇》（Sylvie）當中，涅爾瓦描述夜復一夜觀賞巴黎女演員舞台表演後的窘境，如何促使男人啓程回到他位於盧瓦西的鄉下村落，重溫他在兩名女子身上——一位樸實世俗、另一位高尙脫俗——所體驗到無法化解的愛欲矛盾時刻。這男人試圖向那位注重實際的西爾薇說明自己，但爲時已晚：她對他感到失望已久，她曾經期待著一位實業家，而現在被許配給了一名糕點師傅。回到巴黎，他向女演員表白心意，她拒絕了他將靈魂伴侶投射在她身上的企圖：「你期待我會說『女演員和修女是一體相同的』，你在追逐一些劇情，僅只如此，你沒辦法提出一個結局，這實在太荒謬愚蠢了！」絕望之下，他邀請了他的世俗女神西爾薇前來巴黎，觀賞這名女演員的演出，並懇求她不管怎樣容忍他的情慾迷戀。在談話中，她告知他在盧瓦西的那位靈魂女神，隱居的艾德莉安，在多年前已經去世。這位主人公於是問他自己：「我曾經受其俘虜如此之久的這些混亂狂喜、這些美夢、這些眼淚、這些絕望與溫柔的發作……所以這些全都不是愛嗎？要是如此，那麼愛又在哪？」（Nerval, 1999, p.175）。

　　在短文〈奧克塔薇〉（Octavie）中，涅爾瓦描述了一段在那不勒斯錯過的豔遇，之後就像梅萊斯，保薩尼亞斯所說的那位失敬的雅典人，他變得渴望從波西利波懸崖跳下。最明顯的是，在自傳《奧雷莉亞》（Aurélia）中，涅爾瓦描述他的愛欲兩難：珍妮·科

隆是聖母瑪利亞，現身提供他救贖，不過同一時間，她也是無足輕重的女演員，「世界上的一名普通人」（une personne ordinaire de notre siècle），是他絕不可能考慮結婚的對象。

榮格在 1945 年針對《奧雷莉亞》發表演說時（圖 4.3），將涅爾瓦的兩難困境解讀為阿尼瑪的核心問題：如何調解神聖感的無意識投射與被此投射的凡人。榮格提問，涅爾瓦如何才能化解他之所以對珍妮・科隆產生投射，並將她貶為小婦人的疑心自我意識？在這場演講當中，榮格分析了《奧雷莉亞》書中的夢境，涅爾瓦在夢中目睹了長翅膀的惡魔，致命地摔落在骯髒的巴黎庭院之中。在破爛的庭院中，甚至沒有展開翅膀的空間，這個夢境沒有消散。榮格將此一精神存在狀態（spiritual presence）視為本我（Self）下降到狹隘的人類領域之表現，本我受到涅爾瓦在意識層面的態度所限制，壓垮了其神聖性。對榮格來說，當珍妮・科隆去世，涅爾瓦就失去他的「著地點」（pied-sur-terre），也失去了以客觀媒介與阿尼瑪原型連結，並因此一具體的奧祕合體（mysterium）經驗而徹底理解其恩賜的機會。取而代之的是，涅爾瓦受到精神病症狀擊潰而自殺。

在他離世的前一年，涅爾瓦受苦於日益不穩定的心理狀態，卻也異常充滿創造力。除了前面所提的著作，他完成《幻想集》（Les Chimères），這是一系列的十四行詩、充滿神話典故，語調上大多複雜、高深莫測。就像是科勒（Coleridge）的詩作〈忽必烈汗〉（Kubla Khan），這些詩句以其被撰寫的狀態完整紀錄下來。也就是說，「它們被完美建構，又如水晶般堅硬」（Romer, 1994, p. 4）。這個十四行詩系列的標題，指出涅爾瓦面對無意識的愛恨交織感受。在原初的希臘神話當中，喀麥拉（chimera）是嚇人的怪物，

有吐著火焰的獅子頭、山羊的身體、龍的尾巴。在法文當中，chimère 這個字在 1850 年代的意義與今日相同：不合理或無法實現的幻想、不可能的事物，以及白日夢。涅爾瓦十四行詩的講述者，正是那些集體被理性所貶抑輕視──或是被正統基督教社會所放逐、妖魔化的神祇。

其中一位被奪權、由涅爾瓦賦予聲音的怪物，便是安特洛斯：

安特洛斯

你問我為何在心中隱忍這麼多憤怒，
還有在這柔韌頸子上的叛逆頭腦；
出身於安泰俄斯巨人的血統；
我再次向天堂投擲勝利者的標槍。
是的，我是復仇之神所鼓舞的人之一；
他以怨恨的氣息在我前額留下印記；
我的臉像亞伯的臉一樣血腥──哎呀！──以及蒼白，
又因為與該隱的不滿火焰轉而燙紅！
後者，耶和華！因為你的力量而墜落，
從地獄大聲反對你這位暴君的
是我的祖先貝隆（Bel）、或者是我的父親大袞（Dagon，非利士人之神祇）
他們讓我於冥河之水中受洗三次，
我獨自保衛我的母親，亞瑪力人，
在她腳邊撒種播下古龍的牙齒。

涅爾瓦這首十四行詩的開頭，彷彿在回應這樣的問題：「安特洛斯，爲什麼你掛著如此生氣的表情，爲什麼在你心中有這麼多憤怒、你的眉梢上有這麼多叛逆反抗？」問題的答案，一部分是對「你」（詩人與讀者）說，一部分是對耶和華說。

　　首先，這位安特洛斯描述自己是天生充滿矛盾特質（就像最初的希臘神祇）。類比上，他自我認同於另一對互相對立的兄弟──溫和無辜的亞伯和充滿嫉妒的該隱，該隱抱持強烈的叛逆，反對他所感受到、對他不公平的傾斜動力關係。安特洛斯向上天咒罵，像是朝天堂中的暴君耶和華射出飛鏢，他聲稱自己具有深遠的先於猶太──基督教徒的血緣：巴勒斯（Belos），巴比倫人的王與神；大袞，菲力斯坦的主要神祇；希臘的安提亞斯（Antaeus），波賽頓和蓋亞之子，這位藉由與大地的連結而獲得力量的巨人。列出這些先祖，安特洛斯聲稱所有他們令人敬畏、被驅逐的力量，都是他所得到的遺贈。

　　涅爾瓦的安特洛斯也將自己投射成浪漫主義中的反抗英雄，注定要反對集體過時的姿態，讓垂死中的王國重生。他訴說他如何三次在冥河、地獄之河中受洗（就像西蒂斯 [Thetis] 將阿基里斯浸入冥河河水中，除了她所抓住的腳跟之外讓他全身沒入）。他也把自己與傳奇英雄卡德馬斯（Cadmus），腓尼基國王阿熱諾爾（Agenor）之子相提並論。據傳卡德馬斯殺了一條龍獻給戰神馬爾斯，因爲牠吞噬了所有協助興建新城市的腓尼基人。他將龍的牙齒種在地上，突然之間，全副武裝的男人們從平地裡湧現而出。卡德馬斯朝他們中間丟了一塊石頭，他們轉而攻擊彼此，除了五個人其餘都死盡。這五名倖存者隨後幫忙卡德馬斯建造了底比斯這座新城。就像

卡德馬斯一樣，安特洛斯在他母親腳邊種下龍的牙齒──他母親所屬的亞瑪力人是另一群被驅逐的人，是耶和華選民以色列人的殘酷敵人。涅爾瓦透過與卡德馬斯的對比，將安特洛斯與西賽羅對馬爾斯和維納斯所生之神的靈感連結起來。安特洛斯以其血統憤怒威脅著耶和華，他在大地之母、大母神身上，種下戰神之龍的牙齒，等待本能圖謀報復的能量誕生。

在涅爾瓦的詩句當中，明顯的憤怒令人想起受囚禁神祇之凶殘狂怒，並投射出集體無意識。在格林童話的故事中，瓶中精靈威脅第一位將祂從囚禁中釋放出來的年輕學生；在一千零一夜的故事中，獲得自由的神怪高喊：「準備受死吧，喔，我的拯救者！」這是無意識法則長期壓抑的憤怒，突然聚集、威脅而壓倒自我，並毀滅它。榮格寫道：

> 起初他是攻擊者的敵意型態，是英雄必須纏鬥的對象。這存在於所有潛意識動力相伴的暴力中。神顯現自身，在這種形式下，神必須被克服……隨後本能的猛烈攻擊轉變成神聖的體驗，前提是這個人沒有屈服於此、盲目跟從，並且捍衛了他的人性、抵抗了這份神聖力量的動物本性。（Jung, 1952, p.524）

英雄的兩難，便在於如何找到力量來與神的原型力量纏鬥、並賦予其人性，就像約伯從他的夜訪者那裡同時得到傷痕和祝福一樣。

如果我將這十四行詩視為一場夢來解讀，我可以說涅爾瓦的安特洛斯──從地獄來的原型之聲，作為相互回應之愛的神祇厄洛斯的復仇者──是在處理涅爾瓦對於珍妮・科隆的愛情困境嗎？神的

聲音，與榮格對阿尼瑪及奧祕合體的問題有關嗎？鮑薩尼阿斯的梅萊斯和提馬戈拉斯的故事、還有年輕男子從厄洛斯那裡逃往他的復仇兄弟手中的對應圖像（見圖 1.3 a,b,c），都驚人地接近涅爾瓦的經驗。參照榮格對於《奧雷莉亞》所作的演講，瑪麗・路薏絲・馮・法蘭茲（Marie Louise von Franz）[7] 強調涅爾瓦的狀態是：

　　沒辦法與珍妮相處愉快，因為明知她是個普通凡人，卻體驗到她是位女神，又沒辦法整合這兩件自相矛盾的事。他無法了解，那就是愛情的矛盾，既是神聖的謎團，同時——如果不是像人猿那樣——也是非常普通的事。（Franz, 1977, pp.103-104）

　　就像格林童話裡那個釋放精靈的無知學生，涅爾瓦天真的問題「為什麼？」打開了瓶子、點燃了安特洛斯的憤怒。這位神祇似乎透過「你膽敢發問」的代禱，向耶和華咒罵出他的威脅話語。替這樣的神祇發聲似乎啟發了涅爾瓦，但是以涅爾瓦的自我意識，實在不可能和這位神明纏鬥多時。對涅爾瓦來說可悲的是，愛情的矛盾——同時是安特洛斯的神話和禮物——成了埋藏於地下的祕密。

　　涅爾瓦的十四行詩，替醜陋又極為高尚的地府安特洛斯發聲，這位神祇就像浪漫主義的英雄，以既創新同時也極為守舊的意象——因為這些意象認同更古老的領域——公然反抗著既有的宇宙觀。在十四行詩的個人因素之外，涅爾瓦的安特洛斯以龍牙齒播種在大地之母的腳上，這個曖昧的意象也可能解讀為看見韓波（Rimbaud）

7　Marie Louise von Franz（1915-1998），榮格心理學家。

作品的預兆。涅爾瓦以這首在他離世前一年（1854 年）發表的詩作所播種的，韓波將會收割。

　　這是十八歲的詩人亞瑟・韓波（Arthur Rimbaud, 1854-91）（圖 4.2）對自己的描述：「對我來說相當清楚的是，我總是隸屬於較爲次等的種族，我的種族起身反抗是爲了去搶劫掠奪。」（《壞血統》〔*Mauvais Sang*〕1962, p.302）。韓波最近期的傳記作者葛雷

圖 4.2　Ultissima verba，亞瑟・韓波的畫像。1875 年，鉛筆、墨水畫，
　　　　保羅・魏倫（Paul Verlaine, 1844-1896）所作。法國巴黎雅克杜
　　　　瑟文學圖書館收藏。

© 版權為布里奇曼藝廊所有（Copyright © The Bridgeman Art Library）

姆・羅伯（Graham Robb）指出這位年輕作家必定認為他的名字：rimbaud 是從 rimbaldus 而來，意味著娼妓、浪蕩子、私通的暴徒，只為了搶劫而投身軍旅的士兵（Robb, 2000, p.3）。涅爾瓦可能認定他自己和他的安特洛斯同樣有著缺陷的血統。韓波則表達出文化上的唯利視圖者和無政府主義者，這是雨果所謂的怪誕之一，法國社會悲慘世界中的人所飽受壓抑的經驗。韓波為了新的目的掠奪古老的隱喻、搶劫他當代的文學和社會傳統。以羅伯的話來說，「韓波創造出可以快樂探索多年的語言世界，像是文明社會的廢物棄置場，既是自傳也是西方心靈的歷史」（Robb, p.204）。

因為他的廢物棄置場策略，韓波冒著生產出全然主觀、純屬個人的作品之風險。不過就如弗萊（Frye）所主張的，韓波的詩〈酒醉的船〉（Le Bateau ivre）是經典之作——這件藝術之作的範疇，遠超過所有對其可能性的解讀。對弗萊而言，這首詩也標記出最能定義浪漫主義者的改革元素。韓波以「酒醉的船」隱喻漂浮在洋流上可能是有利的也可能致死，所描寫的就是浪漫主義經驗核心的困境。這首詩讓我們想起，經驗世界是搖搖欲墜地漂浮在既給予支撐、又帶來威脅的強大有力元素之上（Frye, 1963, p.89）。

〈酒醉的船〉是對於整個人生引發強烈情感、充滿遠見的驚鴻一瞥，〈地獄一季〉（Une Saison en enfer, 1873/1962）則描繪出那種生活的短暫時光、降級穿越所有感官紊亂，凶惡悲慘到足夠確認最糟糕的就是過去的宇宙觀——舉例來說，涅爾瓦的耶和華——持續其暴政的一季。（回想 1871 年國民大會的軍隊曾經鎮壓巴黎公社會有所幫助）。韓波甚至毒辣地摧毀了笛卡爾用以對抗不確定性的卓越期望：他寫道「我想我正身處地獄，故我在。」人們以嘲諷的

含意（天使實際上是惡魔，而惡魔告知眞相）解讀威廉・布萊克的詩作〈獄中的諺語〉（William Blake, Proverbs of Hell），甚至也可以把薩德的小說《瑞絲汀娜》（*Justine*，或譯《美德的不幸》）解讀爲帶有諷刺意味的浪漫主義風格（天眞的賈斯丁替人爲的愛情傳統說話，而浪蕩子卻殘酷的爲自然與眞相辯駁）。但是弗萊的前提──浪漫主義者的成因是厄洛斯的倖存──可以應用在刻薄、下流、譏諷嘲笑、反社會的十八歲韓波身上嗎？

韓波透過撕開世界的形象，實現了浪漫主義的理想，直到「我不知道該再說些什麼！」（'je ne sais plus parler!' p.343）韓波推開所有的投射：「至少，喔幸福，喔理性，我將蔚藍從暗黑的空中抽離出來，我存活著，作爲一道金色的自然光束」（p.333）。創造出全然黑暗的空間，以自然界的光芒照亮那個虛無，然後他得以暗自聽見撒旦這位地獄新郎宣布：「愛是重新創造（L'amour est à réinventer）」。

就這層意義上來說，非常諷刺的，韓波是一位安特洛斯式的詩人。旅居地獄的結尾，他以此總結：「現在我被允許在靈魂和肉體之中擁有眞相」（p.346）。也就是說，他曾經遊歷地下，離開了文藝復興基督教的宇宙觀所遺留的二元問題，以及同樣二分的笛卡爾思維之物（res cogitans）和廣延之物（res extensa）領域，到達心靈與身體的眞相共同所在之處。當韓波寫下「愛必須被重新創造」這個眞相時，他也徹底支持了指出其時代厄洛斯問題的，那個涅爾瓦筆下的安特洛斯。

英國現代主義開端的
安特洛斯

至於那年，是在戰後，在厄洛斯從他的
基座被移走之後。厄洛斯曾經在的位置，我
還記得，正是我站在人行道邊緣特別凝視
著、想著接下來將會發生什麼事的那個地
方。

——修・沃波爾《在暗黑的圓環上》[1]

---

1 Hugh Walpole（1884-1941），英國小說家。《在暗黑的圓環上》（*Above the Dark Circus*）於 1931
年首次出版，是以 1920 年代倫敦皮卡迪里圓環（Piccadilly Circus）一帶為場景的驚悚小說。

一九二五年二月十日，英國《標準晚報》（the Evening Standard）刊出一篇由麥克阿李斯特（Isabel McAllister）所撰寫，標題為〈厄洛斯如何來到倫敦〉的報導。這篇報導提到的是阿弗雷德・吉伯特爵士（Sir Alfred Gilbert, 1854-1934）的沙夫茨伯里紀念碑（Shaftesbury Memorial），這座著名的帶著雙翼的人物像，立在有著孩童與魚群浮雕的貝殼基座頂端。紀念碑在新的皮卡迪里地下鐵路線施工期間，暫時從皮卡迪里圓環移到河堤花園（the Embankment Gardens）。雕像被遷移前，倫敦人總是對它表達出許多愛恨交織的感受。此時，像是麥克阿李斯特重新評價吉伯特的這類文章，突然出現在許多雜誌與日報上。在這些公開爭論中，雕塑家赫伯特・漢普頓（Herbert Hampton）表示，是他從吉伯特工作室的地面上救回了石膏模型的碎片、重組成原本的模型，並提議將之鑄造成銅像的。

　　吉伯特爵士是長子，出身於音樂世家。在他表現出欠缺學術能力、未能進入醫學院就讀，而使其雄心勃勃的父母期待落空之後，吉伯特進入了一所藝術學院，並立刻嶄露頭角。他是雕刻巨匠喬瑟夫・貝姆（Joseph Edgar Boehm）的學徒，雕刻家認定他具有天賦，在精明地評估了倫敦的訓練機會以後，建議他前往巴黎法國美術學院（the École des Beaux Arts）就讀。然而讓吉伯特於 1876 年動身前往巴黎的最大驅力並非藝術的魅力，而是對於曾居住在他家中的表妹愛麗絲的愛情。當時愛麗絲已有五個月的身孕，這對愛侶秘密地結了婚並且私奔到法國。吉伯特為了藝術當然想出國進修，不過催化這個決定的卻是愛情問題。兩年後，他已學會包括銅像的脫臘製法等技術，他的巴黎師父皮耶・柯立業（Jean Pierre Cavalier）又派

遣他前往羅馬，學習運用大理石創作。1882年吉伯特送出兩件作品到倫敦，奠定了他身為雕刻家的地位：他的銅像作品〈武裝的珀耳修斯〉（Perseus Arming）送往葛羅凡那藝廊（Grosvenor Gallery），大理石作品〈勝利之吻〉（Kiss of Victory）則送到皇家學院（Royal Academy）展場。同年稍晚，皇家學院的主席弗雷德里克‧雷頓（Frederic Leighton）在義大利派魯賈（Perugia）附近拜訪他，並且委任他完成一件主題自選的銅像。吉伯特正確地將這次的雕像委託視為倫敦美術界對他開啓職業生涯的邀請。他於1884年完成雷頓的委任，所帶到倫敦的銅像是〈伊卡魯斯〉（Icarus）。

　　吉伯特作為雷頓的門生，獲得了甚早且突如其來的聲望。很快他被選為皇家學院的準會員，他也成為皇室所喜愛的人物、倫敦西區劇院的常客，也是亨利‧歐文（Henry Irving）、愛倫‧泰瑞（Ellen Terry）、布拉姆‧史托克（Bram Stoker）在嘉里克紳士俱樂部（the Garrick Club）的親密好友。他接受了許多重要委託：代表陸軍軍官送給女王的登基二十五周年銀禧紀念的裝飾品；普雷斯頓市的市長鏈；格拉斯高大教堂的紀念碑；藝術家瓦特（G.F. Watts）的私人銅製肖像。他的作品於1889年在巴黎世界博覽會展出，並贏得榮譽勳章。然而不幸的是，受人褒獎與委託的洪流，淹沒了他差勁的商業判斷力。他認知到自身在這方面缺乏能力，尋求難相處的父親來幫他記帳，但這只強化了他忽略這些事情的傾向。他的新成就，也摧殘著他作為日漸憂鬱妻子的丈夫和五名孩子父親的能力。1901年，他的草率以及相關的隱憂終於讓他宣佈破產，和家人逃到比利時的布魯日。為了避免債權人扣押他的模型、做出劣質複製品，他將它們全數打碎。也就是從這些碎片當中，赫伯特‧漢普頓

將他的沙夫茨伯里紀念碑拼湊了起來。

　　吉伯特從未接受媒體採訪，唯有在他的專業和私生活分崩離析時，他才破除此例。他的朋友哈頓（Joseph Hatton）提議把《藝術年報》（*Art Annual*）的特定金額捐獻給他，試圖挽救他的職業生涯。這場訪談在 1902 年 8 月 5 日舉行，哈頓將訪談內容〈阿弗雷德·吉伯特的作品與人生〉發表在《復活節美術年刊1903》當中，篇幅幾乎等同於一本小書。吉伯特暢談他最為人知的三件雕像——〈武裝的珀耳修斯〉（Perseus Arming, 1882）、〈伊卡魯斯〉（Icarus, 1884）、〈喜劇與悲劇〉（Comedy and Tragedy, 1891），以回顧的方式將他們描寫成自傳式的三部曲。

　　第一件作品〈武裝的珀耳修斯〉刻劃一名年輕人同時具有英雄氣概又易受攻擊的姿勢，他有自覺地轉身望著才剛穿上右腳踝的帶翅涼鞋。吉伯特對此姿勢的說法是：「珀耳修斯在成為英雄之前僅只是一個凡人之軀⋯⋯必需看著他的裝備」（Hatton, 1903）。第二件作品，由他戴德勒斯（Daedalus）[2] 一般的導師雷頓所委任，吉伯特設計了〈伊卡魯斯〉，作為對雷頓在其最知名畫作中表現出神話父子組正準備飛走之際的頌讚。吉伯特刻畫出帶翅的伊卡魯斯陷入沉思的片刻，情緒低落，彷彿他在他們的野心裡預知了自己的死亡。第三件作品〈喜劇與悲劇〉，呈現一位裸身的年輕男子帶著一副撩起至前額的戲劇面具，又在雙手中緊抓著第二副，轉身向左驚訝地發現有隻蜜蜂正在叮咬他的左小腿肚。〈喜劇與悲劇〉這標題可能太過崇高以至於難以表現出微妙的矛盾感，用面具遮掩的虛偽

2　Daedalus，希臘神話中技術高超的雕刻藝術家。

行為對照於單純、從身體下方與面具後方而來，突然尖銳刺痛的真實自然。人物臉上真誠的痛苦表情所指出的，並非喜劇面具與被蜜蜂叮咬的悲劇之間的對比，而是在戲劇性和微小但尖銳痛苦的現實之間的對比。

在 1902 年與哈頓的交流中，吉伯特首次描述他的一生正是掙扎於神話兄弟厄洛斯與安特洛斯之間。之後，他的傳記作者麥克阿李斯特引用這段手足競爭的神話，來說明吉伯特人格之中強烈對比的面向。他的外甥阿里安（Arian Bury）也選用這個主題，來命名他所撰寫的吉伯特傳記《厄洛斯的陰影》（*Shadow of Eros*. Bury, 1954；也可參見 Dormet, 1985, p.227）。哈頓認為，吉伯特無疑將沙夫茨伯里紀念碑頂端的人物視為安特洛斯。

至少從 1800 年代中期起，英國藝術文化的共用語彙就包含了「安特洛斯」，即便是微小、並不明顯的。舉例來說，1838 年女爵夏洛特·布里（Lady Charlotte Bury）撰寫著作《厄洛斯與安特洛斯，一段愛情》（*Eros and Anteros, A Love*），同一時間她匿名出版《喬治四世時代的日記》（*Diary Illustrative of the Times of George IV*）。二十年後，法蘭西斯（Francis Turner Palgrave）出版小說《熱情的朝聖者》（*The Passionate Pilgrim*），副標題為「厄洛斯與安特洛斯」（Eros and Anteros），小說的故事主角引用了尤納皮烏斯的典故，來描述自己在童年好友迪賽瑞（Desirée）身上得不到回應的熱情：

似乎我無法逃脫愛情的宿命、或者她的冷漠無情；而傳說中在加德拉是同一個泉水源頭，賦予了厄洛斯與安特洛斯生命。（Thurstan, 1858, p.153）。

在長達二十餘年之後，喬治‧勞倫斯（George Alfred Lawrence）匿名出版了他的小說《安特洛斯》（1871），這是一部匯集運動、愛情與戰爭的小說。在但丁‧加百列‧羅賽蒂（Dante Gabriel Rossetti）的詩作〈英雄之燈〉（Hero's Lamp, 1881）當中，他重新述說英雄的故事：關於賽斯托島上阿芙洛蒂忒的處女祭司，還有泳渡賀爾海峽（the Hellespont）去拜訪她的勒恩德（Leander）。羅賽蒂將英雄去世後遺留在英雄塔內的信號燈獻給安特洛斯；除非證實其愛情是帶來幸運的，否則沒有人應該點燃這盞燈。

吉伯特首度在作品中引用安特洛斯的神話，是在他雕塑〈獻給婚姻之神的祭品〉（An Offering to Hymen）（見圖 5.1）時，青少女銅像在從少女進入成熟階段的路途上顯得泰然自若（1886 年首次為 Grosvenor 藝廊展出所鑄造）。她腳跟併攏站立、背部挺直、雙眼下垂，祈求著婚姻之神。大衛‧蓋希（David Getsy）將她描述為「進入成人世界愛情與性愛的意願與希望」之表徵（Getsy, 2004, p.3），他認為，這件作品是吉伯特刻意遠離英國當代新雕刻運動對女性裸體的耽溺。彷彿對抗著他當代同儕的作品，吉伯特將這件作品中僅有的感官滿足限制在基座上的一些細節，這些細節只用來顯示出豐饒茂盛：吉伯特維護這位女性裸體的童真與純潔，即便他強調（雕像）表面的細緻性（Getsy, p.94）。至少其中一個版本的人物像（1884/1893）（圖 5.2）左手拿著極小的安特洛斯白鐵小雕像，只有 11.4 公分高（Dorment, 1986, pp113-115）。這尊沉思中的精細安特洛斯，在他右手握著一把棕櫚樹枝，可能才剛從他兄長那爭奪過

來。對位的評論在此發揮作用：這位兄弟神祇在他的右手拿著複雜的銀色棕櫚樹枝，而這座小雕像被拿在這位祈求者的左手上，她正準備把雕像和自己獻給婚姻之神隱默接受的雙手中。

可能就是當吉伯特創作〈獻給婚姻之神的祭品〉之時，他決定將安特洛斯的神話擺放在倫敦西區的中心。這兩座雕像是他受託打造，用以紀念 1885 年去世的慈善家沙夫茨伯里伯爵的一生與其善行。

吉伯特的導師貝姆接受西敏寺大理石雕像的委託時，堅持第二件委託案要交付給自己年輕的同事執行。這件委託案是要製作豎立

圖 5.1　阿弗雷德・吉伯特爵士，〈獻給婚姻之神的祭品〉，銅像，1885-86。

在倫敦最熱鬧的大道之一、皮卡迪里圓環上的銅製雕像。對於紀念委員會希望以淺浮雕、有遮蓋的聖洗池來說明沙夫茨伯里伯爵事蹟的想法，吉伯特置之不理，反而提出另一個紀念其終生慈善事蹟的象徵作品。委員會因此放棄原本的設想，但主席後來堅持吉伯特必須修改計畫，將人物像立在噴泉和映照水池之上，包含高度夠低的小水塘以提供人類與狗兒飲用的水源。這樣的更動，是因為沙夫茨伯里曾經是大都會飲用水協會的一員，這個協會在1859年主要由貴格會教徒所成立，處理為勞工階級提供飲用水的大問題。當時剛成

圖 5.2　阿弗雷德・吉伯特爵士，
　　　　〈安特洛斯〉，白鐵。
©版權為伯明罕美術館與藝廊所有
（Copyright © Birmingham Museums
and Art Gallery）

　　　　被遺忘的愛神：神話、藝術、心理分析中的安特洛斯 ｜

立不久的倫敦郡議會，限制了這個水塘的大小。隨後議會堅持以石頭矮牆圍著短而粗的基座，以符合「用矮牆環繞所有公共紀念碑」的新地方自治法令。吉伯特被迫在這些意見和規範的限制下工作，後來他回應許多於對完成品的批評，都指向是委員會與議會之間荒謬且衝突的要求所致。

不幸的是，另一個協調單位——國家政府對於提供青銅（一種銅合金）來鑄造紀念碑的承諾食言了，使得這些問題更加複雜。這為吉伯特的垮台種下了種子。在他職業生涯的更早期，這位年輕知名藝術家在他的第一件重要公共委託案中必需確保獲得銅，才不至於耽誤完工時程。於是吉伯特自行借款數千英鎊來鑄造這座沙夫茨伯里紀念碑。這些債務是他後續破產的原因，也導致他被皇室拒絕、被皇家藝術學院驅逐。

吉伯特以帶點青綠色的銅，鑄造紀念碑的八角形基座、八角的水塘則是金黃色。因此，這座沙夫茨伯里紀念碑被認為是「英國現代主義的意外先驅」。吉伯特明白表示他所選的材料決定他的雕像形式，依循著現代主義者的信條：「對原料的忠實（truth to materials）」（Getsy, p.116）。也就是說，「如果自然主義的藝術掩蓋了媒材，現代主義藝術則以媒材的巧用來吸引我們的注意力，對於媒材的關注正是現代主義整體的特徵」（Greenberg, 1960, in Macey, 2000, pp.257-259）。就這層意義來說，蓋希將這座紀念碑的基座（圖5.3）描述為「想像創造力的巨大生成物」，是傾洩而出、勢不可擋的裝飾與象徵主義，吸引人們對於金屬的銅綠色和延展特質的注意力。的確，評論家科克斯（E. Machell Cox）幾乎是充滿歉意地提到吉伯特作品當中「放蕩的柔軟延展」（licentious plasticity）。

圖 5.3　阿弗雷德・吉伯特爵士，〈沙夫茨伯里紀念噴泉〉，鋁、銅
　　　　像，皮卡迪里圓環。

在吉伯特的設計歷程當中，是什麼讓安特洛斯獲得注意而成為適合紀念碑的人物呢？我們並不清楚。但是考量吉伯特當時的家庭狀況，最近期的傳記作家多爾曼（Richard Dorment）著重在吉伯特身為兩男兩女中的長子角色。他的弟弟高登（Gordon）是個體弱多病的孩子，成就卻比哥哥卓越。弟弟顯然是位音樂天才、聰明的學者、傑出的運動員（Dorment, 1986, p.11），在十九歲時就為牛津大學所錄取，這對他們野心勃勃的父母來說是極大的喜悅。兩年之後，高登因為肺病而垂死病榻。吉伯特當年 24 歲，由於迎娶懷孕表妹的醜聞而逃往巴黎，此時被召喚回弟弟身邊。多爾曼形容吉伯特最早期大理石作品《勝利之吻》（*The Kiss of Victory*, 1878-81）就是以藝術的方式接納高登的早逝：該作品主題是有著雙翼、充滿寓意手法的人物親吻著一位垂死的少年（Dorment, p.33）。厄洛斯和安特洛斯的一系列想法，在吉伯特凱旋回歸倫敦時湧現在他心中，或許是能夠理解的。他的父親始終處在傷心欲絕的狀態之下，即便吉伯特已處在功成名就的高度。吉伯特也理解，自己之所以成為母親的企圖心所關注的對象，僅是因為弟弟高登已不在人世。

在這期間，厄洛斯和安特洛斯之所以為吉伯特的創作歷程提供了要素，另一個可能的理由是，他妻子愛麗絲的憂鬱更甚以往。在吉伯特從事沙夫茨伯里紀念碑的三年之間（1890-93），這對夫妻的關係也陷入困境，吉伯特對於私奔與這場婚事感到後悔，也對他太太頻繁的精神崩潰感到憤怒。他將「厄洛斯」連結到年輕時自己衝動魯莽的熱情，而將「安特洛斯」與他過去無法輕易認同的仁慈之愛和無私連結起來。雖然愛麗絲振作起來參加了紀念碑的竣工典禮，但兩天後她完全崩潰，首度被安置在私人安養院居住療養。吉

伯特被工作和委託案所淹沒，在付不出她的照護帳單時亦覺得丟臉而不想出現，因此沒有經常探訪她。吉伯特對他死去的兄弟和憂鬱太太的情緒感受，可能渲染至沙夫茨伯里紀念碑設計的演化過程。安特洛斯的故事——兩兄弟之間的愛，關於以具有創造力和不可思議的方式來彌補兄長缺陷的手足競爭，關於因弟弟缺席而發生的退化危機——似乎正是吉伯特所遭遇的不幸之適切表達。

吉伯特非常早就完成紀念碑基座的細節草圖（Dorment, 1986, pp.139-140），然而在日期記載為 1891 年的人造噴泉上半部的草圖與模型中，他顯然尚未決定豎立在水泉上方人物的性別。到了 1891 年五月初，吉伯特位於富勒姆路工作室（49, p.141）的助理，15 歲的安吉羅・科拉羅西（Angelo Colorossi）出任了模特兒。根據工作室日誌記載，科拉羅西整個夏天都在擺姿勢，「幾乎將他身體的所有重量置於他在球體上的左腳，在右腿從腳趾處吊起、手部以支座來支撐的情況下保持身體直立」（Dorment, p.111）。多爾曼找出許多關於這座雕像可能的資訊來源或文獻：喬凡尼（Giambologna）的畫作〈飛翔的墨丘利〉（Flying Mercury, 1564），提香畫作〈酒神與亞理亞德尼〉（Bacchus and Ariadne, 1522-23）之中的酒神，甚至是約翰・貝爾（John Bell）的鐵製〈獵鷹者〉雕像（Eagle slayer, 1851）。

吉伯特是以鋁為材料鑄造如此大型人物雕像的第一人：他喜歡鋁的顏色充分對比出青銅基座與水槽的鏽綠色，引發人們注意（類似於他在 1887-90 年間為陸軍軍官們所創作的二十五周年銀禧慶典中央桌飾，混合銀、礦石結晶與貝殼）。鋁的重量輕盈，也使他能夠擴展帶著雙翼的人物姿態，身體在左腳的球上向前延伸，同時雙

翼卻似乎將身體輕輕舉起撐住，與前傾的動作對抗以保持平衡。此一動作的平衡狀態，明顯是由左手臂向前伸展、左手持弓，與右腳向後延伸精準地在相同高度，形成了手與腳的清晰水平軸度，再與自腳下的球體向上通過右手肘直到翅膀尖端的中央垂直軸線交會，而呈現出來的。右手臂維持向後拉，右手掌微張、手指放鬆，彷彿就在這一秒鐘才鬆開弓弦，推出已在視線之外的箭。

　　吉伯特是在哪個時間點，體認到這位人物是安特洛斯而非厄洛斯呢？傑森・愛德華（Jason Edward, 2006）並未提到個人的脈絡。他反而主張，吉伯特豎立的這座的雕像是厄洛斯，目的在於慶祝皮卡迪里圓環唯美主義的同性戀文化，此處為眾所皆知的同性戀活動中心。愛德華勾勒出對於唯美主義運動（the Aesthetic movemet）的擁護，從羅賽蒂和瓦特・派德（Walter Pater），到弗德列克（Frederic Leighton）和詹姆士（James McNeill Whistler），再到奧斯卡・王爾德（Oscar Wilde）。他指出，吉伯特不只是對唯美主義深感同情，還將唯美主義者視為具有批判敏感度的重要觀眾，和潛在的客戶。愛德華甚至還將沙夫茨伯里紀念碑置於歷史與法律的脈絡當中，來解釋紀念碑為何放在倫敦男性性交易的中心處。1873 年，所羅門（Simeon Solomon）曾因為在公共廁所從事「粗俗猥褻」的活動遭受逮捕；1885 年，拉布希亞修正案（Labouchère Amendment）首次在英國法律中將此類同性性行為罪行化；1889 年，在同性妓院發生的「克里夫蘭街醜聞」（the Cleveland Street Scandal）涉及了郵局、英國國會、皇室家族的成員。

　　有鑑於這些事件，愛德華將吉伯特選擇以裸體青少年形象的厄洛斯來製作沙夫茨伯里紀念碑，描述為具有政治上的煽動性──

「對於法律禁止青少年男性的同性性慾，直截了當的挑戰」
（p.118）。愛德華強調，吉伯特自覺地選擇將唯美主義者作爲贊助
者，以圖像方式來發表他們對於慾望的論述：「我⋯⋯認爲厄洛斯
並非只是漫不經心的，在替當時皮卡迪里地區都會人士的性慾污名
提供一個適切的象徵，而是刻意如此爲之的」（p.125）。愛德華甚
至描述吉伯特的藝術企圖具有告誡意味：「除了透過厄洛斯的準確
形式來尋求他在 1890 年代後續的工作市場，我主張吉伯特也透過紀
念碑來警告這個唯美主義者的圈子，他們日漸情慾化、淫穢的生活
型態之潛在危險」（p.129）。在 1902 年吉伯特與哈頓的訪談當中，
吉伯特指名雕像是安特洛斯，是「無私的愛」。在愛德華的觀點
中，這種身分指證只是一種策略上的事後說法，可能是受到法律迫
害之後，企圖將他自己與唯美主義的同性性慾拉開距離，或者是爲
了激發對於被性剝削、以及被性迫害者的同情。

　　愛德華以回溯記憶的方式，描述著吉伯特在設計沙夫茨伯里紀
念碑當時工作下的文化、歷史、以及法律背景。不幸的是，他的論
述甚至比多爾曼的個人或心理面向的詮釋更爲憑空臆測。愛德華將
他的理論奠基在吉伯特可能曾經讀過（但沒有在他的工作室日誌留
下記載），或者吉伯特可能在私下相識、或私下有過談話的人們
（卻從未向人提起過）。因爲愛德華只有少量證據支持他的論述，
他只能將在某些藝術圈或社交圈中的平行生活或事件組織在一起，
並且使用像是「必定有過」或者「想當然爾」這樣的語彙來堅持其
主張。因爲這層原因，愛德華對於沙夫茨伯里紀念碑的定義，是
「具有自覺且刻意爲之的藝術動機」之說法，就讓人感到牽強附
會。吉伯特對於厄洛斯在他生命中所造成的問題之評價，以及委託

案的要求是紀念一位有權勢的慈善家，其善行試圖改善窮困倫敦人的窘境；這些理由使我傾向於相信，吉伯特將此人物理解為浮動於厄洛斯和安特洛斯兩者之間，擺盪於內在心靈兄弟般的成對兩極之際。

不論吉伯特是出自於具有自覺的藝術企圖或不自覺的動機，但觀賞大眾顯然從未特別對於安特洛斯的故事感到興趣，或被此說服。一般來說，人們所認知到的說教意味，在於這座人物像可能是描繪「基督教慈善的天使」，但大部份人偏好將此與貪婪、還有皮卡迪里作為性交易重要場所的淫穢惡名相連結。在《重擊》（*Punch*）雜誌中的一則漫畫（1893 年 10 月 21 日）就是這種反應的典型：它推想著厄洛斯／安特洛斯的弓箭射線軌道，結果在一位路過的計程車司機背上找到這把愛情的箭。因此對於厄洛斯和安特洛斯的原型想法，要不是膚淺、微不足道，就是沉重說教的。

吉伯特造出的雕像所引發的雙重觀感，對於二十世紀早期的英國社會帶來了什麼啟發？沒人將吉伯特的安特洛斯擺在故事脈絡下，將此與厄洛斯以及古典希臘的泰美斯連結；也沒人將此雕像與代表正義和城市自然秩序的女神泰美斯、以及她對於厄洛斯問題的洞見連結起來。愛德華沒有這些連結，而這正是他所希望見到的論述發展方向，就英國法律史和近代的酷兒理論而言，他將沙夫茨伯里紀念碑描述為吉伯特獻給同理心與社會包容度的紀念碑。

當然，在當時最明顯為厄洛斯問題所苦、並與這個特定地方有所關連的人，就是唯美主義最知名的發言人奧斯卡・王爾德（1854-1900）。在他 1895 年五月的最終審判中，在沙夫茨伯里紀念碑於皮卡迪里揭幕僅僅兩年後，王爾德撇開搪塞之詞，笑談起在

索威飯店發生了或並未發生什麼。在回答起訴律師所提出的問題時，他定義且辯護道「那是不敢直呼其名的愛」。主審法官認定他犯下從事粗俗猥褻行為的罪，判了他兩年苦勞刑責，王爾德在出獄後，赤貧地被放逐於巴黎，三年後便辭世。他最後的散文之作〈哀悼〉（De Profundis）完成於他身陷囹圄期間，以書信的形式談論關於愛情與悲痛的意義，直到 1960 年的近期才得到未經刪節的出版。在此作品中，王爾德以非常安特洛斯式的語彙，譴責他的愛人道格拉斯（Lord Alfred Douglas）：

大多數人以愛和仰慕作為生活目的。但我們其實應該是依靠著愛和仰慕維為生。如果有任何愛呈現在我們眼前，我們應當認定我們實在受之有愧。沒有人值得被愛。事實上「神愛世人」讓我們看見在理想事物的神聖秩序當中，已寫下了永恆的愛是賜給永遠卑劣不值的那些事。假使這個敘述似乎讓人感到苦澀難忍，我們可以這樣說，每個人都值得得到愛，除了那位自認值得愛的人之外。

（Wilde, 1960, p.88）

我傾向不理會愛德華對於吉伯特想要用沙夫茨伯里紀念碑來處理王爾德窘境的假設。王爾德他自己會對這樣的前提抱持懷疑；他寫道：「在藝術當中，良善的動機並非屬於價值最小者，但所有低劣的藝術都是出自於善的意圖」（Wilde, 1960, p.103）。不過我同意，平行思考吉伯特和王爾德在其個人生活中與厄洛斯的意義搏鬥、以及兩人都從英國被放逐的經驗，是有意義的。在我的觀點當中，這兩人那些年來在英國社會論述情慾問題的努力，逐漸導致第

一次世界大戰與現代主義的誕生。

英國藝術家之中，最為猛烈地抨擊情慾（厄洛斯）與縱慾（戴奧尼索斯）問題，討論愛情與深層自我的，是勞倫斯（D. H. Lawrence, 1885-1930）。吉伯特指名他的雕像為安特洛斯，可被解讀為含糊推托亦抑或顛覆破壞，對比勞倫斯的經驗——小說受到查禁、被流放在外的時間、警察在展覽會場沒收畫作充公、猥褻行為的審判——吉伯特的安特洛斯幾乎稱不上煽動挑釁。

勞倫斯由英國浪漫詩人雪萊（Shalley）、布萊德（Blade）、拜倫（Byron），還有從德國的尼采、法國浪漫派的論述推知，愛情必須重新被徹底改革。為了處理第一次世界大戰期間明顯的分裂破碎與犬儒主義，勞倫斯將情慾厄洛斯定義為萬物之間令人敬畏又嚮往的相互連結，並且主張厄洛斯是根本的關切。他對厄洛斯的宗教理解既廣而深，對他來說，向下並向外探尋是領會自我的唯一方向，理解自我的真義將隨之療癒男女之間的對立、大自然與人類世界的分裂。在個人內在心靈層面向內探尋，將重新連結大腦意識和血統自覺。就如同約翰·凱雷（John Carey）在其著作《知識分子與大眾：士大夫的傲慢與偏見》[3]中所指出的，勞倫斯顯露了深刻的關於血統的復甦語言，以及法西斯主義原型、沙文主義與種族歧視者的直覺。同時，這位現代文化的創立者又反對著自己所提倡的野蠻語言，他有意識地以詩意的智慧與非凡的同理心，宣稱每位人類都是神聖個體，其神聖性不容侵犯（Carey, 1992, pp.76-80）。勞倫斯以這兩種相反的姿態來做論述，顯示出他蒙受極度創傷的人格；這也

---

3   The Intellectuals and the Masses: Pride and Prejudice among the Literary Intelligentsia, 1880-1939.

意味著他受了更多苦，因爲他自覺地保持著這兩種敵對的姿態；他由於徹底反對自己而被撕裂。當勞倫斯因爲肺結核而日漸衰弱，他轉向大自然、神話學和古代伊特魯利亞人的遺跡，來補償他對於人性與當代社會所失去的信念。

在勞倫斯自己所喜愛的小說作品《戀愛中的女人》（*Women in Love*, 1921）最有名的章節〈月色朦朧〉（Moony）當中，魯伯特‧柏金（Rupert Birkin）將石頭丟入水中，打破月亮強大的倒影，接著告訴他的愛人厄蘇拉（Ursula Brangwen），「我想要你放棄你武斷的想法、你擔心受怕的自我堅持，這就是我想要的」。柏金很生氣，害怕重複他在前段關係中與賀米歐尼（Hermione Roddice）的模式，既受到她憂慮的一意孤行所吸引，同時又被拒退。賀米歐尼太過極端，以至於企圖以青金石的紙鎮毆擊魯伯特的頭來謀殺他。隨後，勞倫斯在文章〈我們需要彼此〉中寫著：「我在我們自我吹噓的文明社會當中，所能看到的就是男人和女人在情感和精神上將彼此擊成碎片，我所請求的就是他們暫停下來、仔細考慮」（Lawrence, 1930）。在小說的下一章，標題爲〈角鬥〉（Gladiatorial），魯伯特‧柏金恰巧就這麼做了：他「暫停下來」，與友人傑勞德（Gerald Crich）在傑勞德圖書室的火堆前脫個精光，並且「進行了一回合」：

所以，他們終於快速地、狂喜地、全心全意又盲目地糾纏在一塊，原先兩個獨立的白色人影，合力爲了變成更緊密親近的一體而鬥爭著，有著奇異的、章魚般的結，在室內緩和的燈光下映照出肢體來；一個緊密的白色肉體結，在老舊褐色書本的牆面之間，安靜

地緊緊相扣著。間或有陣尖銳的呼吸聲、或者像是嘆息的聲音，然後是在鋪著厚地毯的地板上的快速撞擊動作，接著是一陣肉體從肉體下方脫身而出的奇怪聲音。經常，這狂暴的白色生物交織結在沉默地搖擺時，是看不見頭部的，只有搖晃、緊繃的肢體，和潔白堅實的背部，兩具身體的接合點緊緊合一。然後會出現泛著微光、頭髮被撥亂的傑勞德的頭部。隨著爭鬥改變，一陣子之後，本來不受影響、如影子般的另一位男性的頭部會從纏鬥中抬起，眼睛張大、看來可怕無神。最後傑勞德懶洋洋躺回地板上，他的胸部很緩慢的喘息起伏著，而柏金跪在他的身旁幾乎失去意識……他聽見外頭有陣巨大的撞擊聲。發生什麼事了？那個如巨大鐵鎚敲擊般迴響在房子裡的聲音，是什麼呢？他並不知道。然後他明白了，那是他自己心跳的聲音。

（Lawrence, 1921, pp.305-306）

　　在勞倫斯的時代，這纏鬥的場景惡名昭彰，因為這段文字敘述的語調充滿情慾；英國的雜誌審閱者約翰·布爾（John Bull）譴責此章節「從頭到尾完全猥褻淫穢」（Ford, 1963, p.40）。如同這本小說未出版的序言所揭示的，柏金具有自覺而傑勞德則不自知地，與他們之間所存在的情慾連結搏鬥著。勞倫斯在他之前的小說《彩虹》（The Rainbow）被查禁之後，停止出版他們之間的許多故事，不過在此，他間接的描繪出肉體情慾，透過裸身爭鬥，魯伯特·柏金進入了知曉何謂與他人感官親密的纏鬥。如果我們將此一章節和安特洛斯神話，即阿芙洛蒂忒的兒子們爭奪棕櫚樹枝，以確保厄洛斯的成長的形象並排來看，一則未被其他評論意見提及的細節自然

顯現。柏金從他與傑勞德的爭鬥之中獲得兩個洞見：首先，他自己心跳的聲音（也就是，有自覺的情慾經驗），以及第二，確知與厄蘇拉的婚姻將同時具有聯合一致和對立反抗的性質。法蘭克·科摩德（Frank Kermode）如此總結了勞倫斯所有作品的重要性：「如果聖靈可以在緊張中維持對立觀點，讓男人和女人在情慾愛的一般觀點之外保持平衡關係，那麼在聯合中的分離狀態就是可能達成的」（Frank Kermode, 1973, p.141）。柏金需要具體透過感官、藉由傑勞德來達成這一點，在他可以對厄蘇拉討論這個想法之前，在他理解到她必定不能放棄她的自我堅持之前（這是他在〈遊覽〉[Excurse]這個章節開始領悟到的）。勞倫斯在男性樣板上修通這一點，在他可將此想法應用在異性愛人身上之前。

　　吉伯特透過一個類似的轉折，獲得關於厄洛斯的洞見。1905 年他開始設計〈生死門〉（Mors Janua Vitae）（圖 5.4），一件由伊利莎·馬可洛林（Eliza Macloghlin）所委託的工作，以一座紀念碑獻給她的夫婿愛德華（Edward Percy Plantagenet Macloghlin），以及他們的婚姻；這座紀念碑將被安置在英國皇家外科醫學院的前廳。紀念碑的下半部鑲嵌著青銅浮雕。在中央鑲版上，一位裸身女孩雙腳受到束縛，受到啟蒙進入生命的奧祕。左側鑲版上，另一位裸女從正面來看，正朝著觀賞者的方向走下樓梯。左側鑲版標示著 AN[TERW]S（Anteros）；右側鑲版則標示著 ERWS（Eros）。多爾曼將她們解讀成在平衡狀態下的女性配對，就像是時鐘裡來回擺動的物體：「當一位向前移動，另一位隱藏在後」（Dorment, 1986, 255）。安置在祭壇上的是一對結婚夫妻的人物雕像，注視著存放他們混合骨灰的盒子。

圖 5.4　阿弗雷德・吉伯特爵士，〈生死門〉，愛德華・馬可洛林夫婦的雕像，青銅藝術品、大理石基座，1908 年完成。
©版權為倫敦英國皇家外科醫學院所有（Copyright © The Hunterian Museum at the Royal College of Surgeons of England, London.）

這件新委託案似乎改變了吉伯特對這則神話的理解。他對此的理解進展到他自身的兄弟情結之外、全然超出男性模式的範圍，為了解釋馬可洛林太太的愛情與死亡經驗，以女性的觀點對此重新想像。在此情境中，吉伯特將厄洛斯和安特洛斯創造成互補的一對，一人興盛時、另一人就衰退，但卻總是在彼此出場時暗中作為一股動態的力量。我們可以帶著此種詮釋，在心中再次探訪、重新評估沙夫茨伯里紀念碑。或許雕塑一位人物並將此命名為厄洛斯或安特洛斯的部份問題，在於單獨指名會削弱這層動力關係：沒有安特洛斯，厄洛斯就發生退化；沒有厄洛斯，安特洛斯就缺乏足以定義他特殊存在的另一方。在吉伯特對安特洛斯所累積的圖像表達當中，他從未將這兩位人物描繪成正在纏鬥、或是具有創造力的對立關係，不過這座馬可洛林紀念碑，描繪出了吉伯特對這則經典神話在此面向漸進的領會。

有些增添物和額外連結——其中一些是偶然的——依附在像是沙夫茨伯里紀念碑這樣的公共紀念碑上，即便這些故事並不眾所皆知。舉例來說，在 1922 年 4 月 22 日，馬丁‧貝德森（Martin Bateson），是基因學者威廉（William Bateson）和碧翠絲（Beatrice Durham）的次子，他就在此處舉槍自盡。他在眾目睽睽之下，在安特洛斯雕像的基座下自殺，那天是他在第一次大戰中喪生的哥哥的生日。馬丁飽受必須追隨父親腳步成為科學家的壓力，將他自己創作詩歌與劇本的渴望置之一旁。整個家族對兩位早逝兄長的熱切期待，便移轉到第三位兄弟格雷戈里（Gregory Bateson）的身上，他成為世界知名的人類學家、語言學者、符號學者、和控制論專家。他也將「雙重束縛」（double bind）這理論引進精神醫學領域：受害

　　　　被遺忘的愛神：神話、藝術、心理分析中的安特洛斯 |

者想要滿足兩相矛盾的要求，而未能察知兩者其實不相容之衝突情境。（經典的發展案例是孩子被母親告知「我愛你」時，母親卻憎惡地將頭別開。）在他的著作《邁向心智生態學》（*Steps to an Ecology of Mind*, 1972）當中的一篇論文，格雷戈里將雙重束縛定義為一種後天習得、喪失功能的思考模式，會激發嚴重焦慮感、並導致逃離到妄想系統之中。我認為他是以此心理學和控制論上的洞見，來紀念他的兄長所蒙受的痛苦。

如同我在本章開頭所提到的，安特洛斯的雕像在 1925 年被移到河堤公園，在 1931 年的 12 月 28 日回到皮卡迪里圓環，此後又再被遷移三次，最後一次搬動是在 1985 年。它當時被謹慎地存放於漢蕭家族企業（Charles Henshaw and Sons）在愛丁堡的工作室（Bidwell, 1986, p.39-42），皇家學院把握時機，籌劃了一場對於它的創造者與其藝術作品的回顧慶典（Marina Warner, the Times Literary Supplement, 1986, p.421）。時至今日，人們還繼續以沙夫茨伯里紀念碑作為集結場所。他們坐在水池旁、或者在基座下方歇息，他們不知道這座慈善飲水噴泉曾經整個被封起，彷彿它正在等待重獲失去的某物。觀看著他們是件令人玩味的事，當你心中默想吉伯特的生平，還有安特洛斯所累積的歷史時。

圖 6.1　克里斯多夫・奇士勞斯基 1988 年的電影【情路長短調】（A Short Film About Love），劇中主角瑪格達與托馬克。（Copyright © Studio Filmowe TOR）

屬於安特洛斯的
當代藝術家

倘若她逃跑，不久她將轉身追求；

若她拒絕禮物，她將反而獻出禮物；

若她不愛，隨即她將會愛

即使是不由自主的。

————〈殘篇 1〉《若否，冬天：

莎芙殘篇》[1] 安·卡森 譯

1　莎芙（Sappho），西元前 7～6 世紀希臘女詩人，詩作多描寫慾望與愛情，特別是女性與女性之間的情慾。現存作品多為殘缺不全的片段，《若否，冬天：莎芙殘篇》（If Not, Winter: Fragments of Sappo, 2002）為當代加拿大詩人暨古典文學教授安·卡森（Anne Carson）所翻譯之莎芙詩篇。

當安特洛斯的名字幾乎在當代的背景被忘卻，安特洛斯所討論的情慾（Eros）問題，一如往常仍然屬於人類處境的一部份。當代詩人如安・卡森（Anne Carson, 1950-）和湯姆・岡恩（Thom Gunn, 1929-2004），以及電影製作人如克里斯多夫・奇士勞斯基（Krzysztof Kieslowski, 1941-1996）都致力於釐清安特洛斯與我們時代的關連。

　　安・卡森是古典文學與詩的教授。她翻譯並分析古代希臘文本，特別是關於情慾的文學作品。此外，她藉著這些古典的描述來反思、尋找當代情慾磨難（erotic suffering）的意義。卡森相當多的作品描繪出震撼與創傷的愛的經驗，以及古典文學雅典式的情慾經驗；她使用哲學（Philosophy）去琢磨這些經驗，賦與意象上的準確度。與此同時，哲學允許她保持形式上的距離，不至於過度認同情慾的受難者（erotic victimization）；因此，她可以反思這些經驗。卡森沒有明確寫出安特洛斯，但她的作品展現大膽且原創的應用，使用古典的希臘語言來關懷當代生活。而且，即使她沒有直接受到安特洛斯的吸引，她也發展出從對立的角度觀看情慾的方式：在她建構情慾經驗的方法裡，隱隱約約提示出某種類似安特洛斯的存在。

　　卡森的第一本書《苦樂參半的愛情》（*Eros the Bittersweet*, 1986）是一部環繞著莎芙的殘篇建構而成的哲學與文學研究。殘篇31裡有三個人物，但關注的焦點，是他們相遇時刻的幾何學與社交關係測量法（sociometry），而非人物本身：第一佈局連結女孩的聲音到一個傾聽的男子；第二佈局是連結女孩到莎芙；第三佈局是從莎芙的眼睛奔馳到傾聽中的男子。卡森刻劃出三角關係中的情慾（Eros），當莎芙身為愛者而描述她自己的感覺時，既過度承載又

覺空虛：她同時是「比草地還綠意盎然」又是「死寂，或幾乎是死了」。卡森論證，莎芙使用這樣的三角來顯示情慾如何叢集在她的心靈與身體：

在這之中，我們看見慾望（desire）的基本構造（radical constitution）。對於情慾（eros）缺乏之處，慾望的活化召喚了結構中的三種成分：愛者、被愛者、以及兩者之間的交流。它們是三個會轉換的點，運行在由可能的關係所構築而成的線路之上；慾望帶來電力，使得它們能彼此碰觸到沒有實質相接的點。他們彼此相連卻又互相分隔。第三個成分扮演著一種弔詭的角色，因為它既能連結又能分隔兩者，標幟著二者不等於一，照亮了情慾的缺席。當線路的接點相連，知覺驟變。而後某物開始變得可見，在有伏特電荷移動著的三角形路徑上：若非三角結構的存在，則某物不可能變得可見。「何者存在」和「何者可能是」的區別是可見的。理想投射在實際的螢幕上，以某種立體視覺的方式……三角結構藉由距離的變動，使得兩者同時在場，以內心與言語的詭計取代情慾行動。慾望移動著。在此厄洛斯（Eros）是個動詞。

（Carson, 1986）

卡森追尋情慾的、愛的軌跡，隨著它始終一致地循著同樣的路徑，從愛者往外移動到被愛者，然後彈跳回到愛者及其內心的空洞，是先前未曾被注意到的空虛。她論證大多數的愛情詩談論的實體並不是被愛者，而是「那個空洞」（卡森，1086，頁30）。

從希臘作品往外推展，卡森指出同樣的模式存在於維吉尼亞·

吳爾芙（Virginia Woolf）的小說《海浪》（*The Waves*, 1931）裡。在此書中，奈維爾（Neville）獨自的意識流，受到他所愛的伯納德的作為而改變：

某物現在離開了我；某物從我離開，去和即將到來的人物相遇，並向我保證在我看到他之前，我就認識他了。多麼令人好奇，即使有所距離，一個人竟因為來自朋友的插曲而受到改變。當朋友回想起我們，他們所扮演的功能是多麼有用啊。然而一旦被回想、被安慰、讓自我受到摻雜、被混合、屬於其他人，此時又是多麼痛苦啊。當他靠近，我變得不是自己，而是奈維爾與某人的混合體——與誰呢？是伯納德嗎？是的，是伯納德，我應該問伯納德：我是誰？

即使奈維爾面對情慾造成的空洞，並不如希臘人般驚慌失措，但卡森字裡行間的詮釋說明了，一個英國的現代主義者所經驗到的情慾（Eros）與希臘人並無不同。吳爾芙所強調的，正是這行動多大程度上改變了奈維爾的意識：慾望從奈維爾外移，再從伯納德彈回到奈維爾。伯納德的出現激起了奈維爾內在感覺的火花，他同時感受到超越與混雜。奈維爾最後的問題：「我是誰？」正是當他感到與另一人混合，在這些相互對立的感受中油然而生的問題。

卡森引用歷史學家布魯諾・史內爾（Bruno Snell）在《發現希臘哲學與文學中的心靈》[2]一書中充滿爭議的論證：在古希臘的心理學中，自我控制的單一人格的自我意識之出現，與其隱含的所有關

2　The Discovery of the Mind in Greek Philosophy and Literature, 1953.

　　被遺忘的愛神：神話、藝術、心理分析中的安特洛斯 ∣

於「市民即城邦的愛者」之典型雅典觀念，都可以追溯到這類情緒矛盾而導致心靈分裂的時刻。愛者（the lover）尋找與被愛者（the beloved）自我消滅式的結合。愛者同時也在尋找的，是面對被愛者卻不會被摧毀，以達到理想的平靜狀態，這具體化身為莎芙殘篇所提到的聆聽男子。這種狀態在剎那間讓我們看到一種新的、可能的自我。卡森說：「真實的自我、理想的自我，以及兩者之間的差異，三者暫時性地連成一個三角形。其連結就是情慾（eros）。愛者所企求的是它流經全身的感受」。（卡森，1986, 頁62）

　　卡森更進一步發展她的論證。比維吉尼亞·吳爾芙晚三十年的法國文學批評家羅蘭·巴特（Roland Barthes），是此時卡森考慮的對象。巴特為他自己身為愛者（lover）的角色，重新發明了一套辭彙。巴特似乎使他自己置身在與吳爾芙筆下奈維爾相同的情境：他感受到相同的矛盾情感；吳爾芙曾藉文字建構奈維爾的意識流式獨白，但巴特對於這字字句句並沒有信仰。巴特單獨坐在他的沉思裡，嘗試從情慾的語言這堆破銅爛鐵之中，去搶救一些仍然可用的的語言碎片。他與慾望搏鬥，將他的發現紀錄進詞彙本，並創造出個人的辭庫《戀人絮語》（*A Lover's Discourse: Fragments*, 1978）。推動巴特的實驗的，是集體意義的喪失，與個體的自我——意識（ego-consciousness）的本質性孤單：

　　　　這本書的必要性，可經由考慮下列的發現而理解：戀人的論述是極度孤單的此時此刻……今日某人充滿愛意的從內在說話，去質問另外一個人（被愛的對象）——即使後者並沒有講話。

（Barthes, 1978）

當然，巴特所愛著的人的感受在此是找不到的——被愛著的對象身為另一個人，不只是感受著愛的個體，還是個對愛有反應的人。如果安特洛斯在上述的敘述當中沒有存在的空間，有可能是因為相互性（mutuality）——安特洛斯的其中一個功能——已經被巴特的論述方程式所忘卻？在莎芙的殘篇中，敘事者「我」的極端且苦樂參半的孤單，是當她在聆聽著現在的「你」的「甜言蜜語」和「可人的笑聲」時得到定義的。即使在吳爾芙的場景之中，伯納德接近奈維爾、並即將聆聽他的問題，也仍然有著對話的可能。但是在巴特這裡，被愛者並沒有講話。或許巴特是如此著迷於他在自身之內感受到的「那個空洞」，以至於完全忽視了愛者（the lover）可能對他說的話。

　　卡森的《苦樂參半的愛情》含意深遠。她描繪出「慾望」和「知識」共屬的本質，是介於到達的快樂，與求而未得的痛苦之間。卡森注意到，在柏拉圖的〈饗宴篇〉中，亞里斯多芬想像每個被分開的兩腿人類無止盡地追逐著相似者（Symbolon），她或她希望找到另一半——也就是帶有相符的擲距骨（knucklebone）的那個人。愛情是不可能地盼望著原屬相同擲距骨的另一半，目的是為了達到認同歸屬與完整性（參看第一章）。對於卡森而言，情慾描述著慾望的動態過程，無論是欲求被愛者、欲求個人的認同，或甚至只是欲求「知道」——即，她強調希臘人如何在求愛與求知之間建立類比：「在任何思考行為中，心靈必須跨已知與未知之間的空間，連結著已知與未知，同時可以持續見到它們之間的差異。這是一個情慾空間（erotic space）」（Carson, 1986）。據此意義，蘇格拉底稱他自己為愛智者（erastes of knowledge），也就是一個愛者愛

上了這樣的行動：朝向那已知與未知之間的苦樂參半的差異，奮力前進。

在接下來的作品裡，卡森引述且探索了在各種情況與環境中的情慾空間。〈水的人類學〉（1995a）是一篇痛苦的、個人的、然而是形式上保持距離的散文，記述著愛戀的男人，由四個章節組成：一篇關於她父親由於失智症而失蹤的引言；一篇遊記形式的短文，記載和一個男人前往天主教聖地德孔波斯特拉朝聖的過程；一篇文章以遊記的短文描寫，關於和一個男人的公路旅遊，穿越沙漠到洛杉磯；一篇關於她哥哥失蹤的文章。連結這四個部份的主題是「水是你無法掌握的某物。就像男人。我試過了。父親，兄弟，愛人，真摯的友人，飢餓的鬼魂和上帝；一個接著一個，全都離開了我的掌握。」（Carson, 1995a）

卡森像一個人類學家，她以觀察者的立場觀看自己如何投入愛。她坐在一個既是局內人又像是旁觀者的位置——在愛之內，或是冒著風險置身事外；既自我揭露、卻又充滿反思。當她做起人類學家（如同克利福德・格爾茨 [Clifford Geertz]所定義的）的「深層描述」，正如她持續著哲學家的良好實踐，她以下列的字句填滿筆記本：「愛使你成了一位觀察自己生活的人類學家。這些儀式是什麼？爲何我們應該參與？在最糟的如火焚身的夜晚，像個差勁的翻譯在支援我們的這種語言是什麼？記錄對話的形式並追蹤成語來源，是非常重要的。」（Carson, 1995a,）

透過運用人類學研究的形式與訓練，卡森停留於這項弔詭中：在情慾空間（erotic space）內的是「三」這個數字。盼望著與被愛的「你」結合，恐懼著消失在融合的過程中或是遭到拒絕，對於神啓

的權力與愛者困境的無權力感，這也是莎芙所描述的綠意盎然和死亡同時存在的情慾經驗（erotic experience），以及在維吉尼亞·吳爾芙小說中，奈維爾對伯納德所問的「我是誰？」——卡森能精準地喚起並維持這些，正是因為她設置出了一個形式上的架構：

　　這項關於人的科學總是與他人有關；而他人的細節是奇異古怪（exotic)的，能使得我們冷靜，並進一步開啟以人類學來研究我們自身的可能性。也包括現代的愛情。啟蒙是無用的，但我發現人類學家所鑑別的主位觀點（emic）與客位觀點（etic）是有趣的。主位觀點是關於社群內部自己成員的觀點，而客位觀點是外在成員以外在觀點來來看待社群。愛者——如果我錯了請糾正我——堅持將這兩種觀點放在一起，這是一種雙重暴露。將我內在極深之處描繪出來，就是幫著把它標誌於外在，成為你的陌生奇異。然而，請保持其為陌生奇異的！屬於那三件事的。

（Carson, 1995a）

　　在詩體小說名為《紅色的自傳》（1998）之中，卡森擷取了十六個片段，源自希臘詩人斯特西克魯斯（Stesichorus）對於有翼的紅色怪物革律翁（Greyon）的描述，在海克力斯（Herakles）尚未將牠殺死以作為第十件功績時。卡森寫道：

　　如果斯特西克魯斯是個更為傳統的詩人，他可能會取用海克力斯的觀點，擘畫出令人震慟的描述，敘述文化戰勝怪獸的勝利景象。但是他沒有，斯特西克魯斯的詩的現存片段提供了一個吊人胃

口的橫斷面，來自革律翁自身的經驗，那景象既驕傲又令人憐憫。

（Carson, 1998）

如果卡森是更為傳統的詩人，她可能會採取怪獸的觀點，寫出一個平凡且感傷的描述，記敘革律翁如何成了一個犧牲者，一個後殖民的醜陋奴隸，歸屬於獨裁的普洛斯彼羅（Prospero）[3]。她沒有這樣做，她將她問題重重的情慾帶入神話：在她的版本中，海克力斯沒有殺掉革律翁——他使他心碎。詩人與文學評論家露芙・帕德爾（Ruth Padel）寫道：「此詩是關於瞭解與愛慕一個和你度過美好時光的男人，但他永遠不會回過頭來瞭解你」（Padel, 1998）。

在此意義上我們可以說，卡森重新創作的不只是斯特西克魯斯的故事，還有鮑薩尼阿斯所重述的安特洛斯神話。海克力斯像是那個毫無自省、擁有特權的梅萊斯；革律翁則代表著提馬戈拉斯，他是一名具有天賦的加拿大學生，向他所愛的人告白。革律翁／提馬戈拉斯開始攝影，彷彿試著透過藝術式的觀察，從情慾的傷害活下來；就像在夢中無法忍受的恐怖事件，卻可以在電視上平靜地觀看那樣。由於卡森聚焦於情慾的犧牲者革律翁的反思經驗，我們只能假設她的海克力斯繼續帶著其他的任務上路，總是英雄式的遺忘。安特洛斯會追上他，並且施行他的情慾復仇嗎？在詩體小說最後的段落，在安地斯高山上的小村落裡，卡森再次以數字三來設定情慾的場景：海克力斯、他的新男友，以及革律翁創造了暴力的「火山時刻」，在烈火中充滿創造力的洞見。

3　Prospero，莎士比亞筆下的人物。

卡森運用了一種結構形式。四十七個章節的詩，由一篇介紹性的歷史文章，和一個正在接近的、充滿想像的與斯特西克魯斯的訪談構成。她的故事抗拒著這種形式主義，但同時也聲稱靈感來自於斯特西克魯斯的字裡行間。卡森在陳腐的情境中，在當代學生的愛情、在水平的單一性別的遊樂場裡，開始她的小說。最終，她的革律翁鼓動雙翼和他的紅色（直到火山那一章，紅色才把他染的像個怪獸）並且從被殺的危機存活下來。她辨認出，他就是奇楚瓦語（Quechua）所稱的「亞茲科·亞茲科馬克」（Yazcol Yazcamac）──那個離開、見證、回來的人（人類學家翻譯為「見證者」）。那些有智慧的人已看過火山內部並歸來，「是帶著雙翼的紅色人類，他們所有的弱點都已燃燒殆盡」（卡森，1998，頁128-129）。

在一篇名為〈反諷是不夠的：關於我身為凱撒琳·丹尼芙的生活〉（2000b）的短篇散文小品中，卡森把她的問題放在另一個脈絡之下。她結合希臘文學與一部法國影片，安德列·泰西內（André Téchiné）的【夜夜夜賊】（*Les Voleurs*, 1996）。凱撒琳·丹尼芙（Catherine Deneuve）在其中摹演一個孤絕的老女人瑪希，她在大學教授哲學，並和一個邊緣性人格傾向的年輕女性墜入愛河。卡森玩弄她自己古典文學教授的人格面具（persona）：她是否在藉由扮演凱撒琳·丹尼芙，來遠離她自己對某學生的情慾幻想（erotic fantasy），藉此為她的矛盾困境找到可能的結論？或者她是藉由重新詮釋這部影片，透過想像進入瑪希的角色，穿好外套對抗風雪，做好準備對抗生活中由於渴望而造成的空虛？再一次，莎芙的三角關係又出現了：片中的年輕女性有另一名愛人亞歷克斯（Alex），他是個憤怒的中年警察，做愛時像是對抗她似地半穿著衣服，因為他無

法忍受兩個人赤身裸體。然後，當年輕女性進入精神病院，處於競爭關係的愛人相遇了。

再一次，卡森從莎芙談到年輕女性的文句開始：「你燃燒了我」（Carson, 2000b）。隨後，卡森以十三篇的短場景，描繪古典文學教授和女學生發生的事件。在第八場景，她寫著：

蘇格拉底死在監獄。莎芙死於（為了愛）躍下萊夫卡斯白色岩石（Leukas），他們如是說。蘇格拉底對於兩件事情抱著諷刺的態度，他的美麗（他稱自己很醜陋）以及他的知識（他自稱是無知）。對於莎芙而言，諷刺是動詞。諷刺把她與自己的生活放在特定的關係之內。（丹尼芙想著）看著我自己建構的絲綢般的、苦澀的關係，還真是有趣……蘇格拉底你是個真正的人（a real man），丹尼芙說。闔上她的筆記本。穿上她的外套並扣好鈕扣。但我也是。

（Carson, 2000b）

卡森的文章標題是強而有力的：反諷是不夠的。蘇格拉底與莎芙兩者都扮作希臘戲劇中「佯做無知者」（eironia）來要求一些反思的距離，如同革律翁的相機，提供了一個從情慾存活下來的可能性。但是反諷對於卡森而言太容易了。太接近了，她說道，然後你為了愛而從白色岩石跳下，像是莎芙和提馬戈拉斯。但離群索居而被忘卻，太多「真正的人」，你將受寒而死。在泰西內的電影中，瑪希與亞歷克斯觀看著《魔笛》的演出。經歷過長久孤單的生活後，哲學家瑪希太靠近也太投入了；當莫扎特的主角祈求愛的時候，她在淚水中潰堤了。兩天後，亞歷克斯的旁白告訴我們，她選

擇躍向死亡。在卡森的文章中,她想像了她教授職的另一種可能性:再一次,在空虛之後,「門上傳來敲門聲」(譯注:暗示躍向死亡)(Carson, 2000b)。

在卡森發表了莎芙所有殘篇的雙語版本時(《若否,冬天:莎芙殘篇》,2002),她也在《苦樂參半的愛情》裡引介了她翻譯的殘篇31,額外的第五詩節中現存唯一的詩行,也是首行。後來,她在名為〈解構:女人有多喜歡莎芙、波芮特(Marguerite Porete)和西蒙娜·韋伊(Simone Weil)向上帝訴說〉(2005)的文章內解釋詩「行」的重要性。起初,卡森對莎芙描述的狂喜(ekstasis)產生興趣:當她感官功能過度負載而關閉,使得她既是「綠意盎然」又像「死了」般。卡森承認並引述下一首詩中高度爭議的一行;她論述詩在「空虛」之後,以動作和「大膽」持續進行。這行詩的暫時譯本,強調了這點:「但一切都是被敢於要求的,因為即使一個貧困的人……」卡森假設,莎芙不只是一個愛的詩人、或僅是一個阿芙洛蒂忒的崇拜者,她還身為阿芙洛蒂忒的女祭司。或許因為莎芙的詩想要教導關於形上學或愛的神學:「她扮演的並不是通常的愛情歌的苦衷,**你為什麼不愛我**?而是更深的靈性問題:**愛是什麼,使得自我敢於去做(任何事)?**」而卡森直接回答這個問題:「愛使人將自我置之度外,而進入貧困。」(卡森,2005,頁162)

對於莎芙和蘇格拉底所定義的情慾問題,卡森的作品清晰地說出了一個置於當代意義下的、不斷變化的理解。這是一部由莎芙的女神,阿芙洛蒂忒所啟發的作品,我們不要忘記了,阿芙洛蒂忒曾對她的姊妹泰美斯提出關於情慾的真正本質的問題。一次又一次,卡森在她的藝術作品中建構出一個形式的階梯,通往情慾三角深處

的空虛，刻意涉水而過，沉思地回到貧困，目的是去看看已經出現的東西，大膽在那裡仔細地搜尋意義。

　　第二位同等重要的關於情慾的當代詩人，是湯姆・岡恩（Thom Gunn）。岡恩如同卡森，他的藝術立基於即興隨意的運用感覺，像是一位神——是自發且強有力的，並且以小心描繪出形式的詩意空間來涵容它。岡恩描述他自己的方法爲「透過有限的方格，來過濾那些無限的感覺」（岡恩，2000，頁 40）。這結構化的形式使得一些讀者認爲岡恩是「冷酷的詩人」，但他強調，節奏和韻律、音節（syllabic）和形式化的自由詩句，使得感受直接且使即興深刻：

　　尋找押韻，或試著讓韻律正確時，你經常需要深入到你的主題，使你能發現那些過去未曾意會的關於它的事情，和你自己對於它的反應。你正在挖掘……當你有了更多渴望，你將真正開始更深刻地思考手上的主題，因此節律轉而成為主題式探索的一種方法。

（岡恩，1994b，頁 221）

　　岡恩對情慾的探索，比起卡森對經典的探索，似乎更爲人所熟悉、更爲浪漫和更接近現代主義者。他將自己的作品定位在詩人韓波（Rimbaud）航行於險惡水面世界的「酒醉的船」，還有勞倫斯（Lawrencw）所提出深植於感官經驗、酒神般縱慾的地府自我之概念。所以，舉例而言，他向同行詩人羅勃特・鄧肯（Robert Duncan）那危險、鬆散又包羅萬象的作品致敬；鄧肯在乘坐渡輪來來回回逡巡於三藩市與柏克萊之間時，以獨樹一幟的風格寫下了第一首詩：

在二十多歲詩人的盛年

放聲冒出音節如無法遏止的洪流，

他任由神性的驅使（等候多時才到來）

匆忙地載他前往任一方向，

並在渡輪迴轉時持續寫作

從三藩市出發，又從柏克萊返回，

又再返回，又再返回。他學到

你只能增添，而無法取消做過的事。

他的筆在筆記本的邊緣之間旅行，

他的詩句將他帶往新的模式

朝向過往那些意圖遭到拆解的那些碼頭，

所以，當他旅行於渡輪航線上，

無論當晚他原本計劃要去哪裡，

從它們的困惑中升起的能量

成了活於其內的變化航道

當筆寫著，而其目光超越結論地遙望。

（Duncan, 2000）

　　但就像岡恩讚賞鄧肯「不懈的、窮盡精力熱誠反應」，他也向對立的形式主義（arch-formalist）導師翁因特斯（Yvor Winters）致敬：「翁因特斯是我遇過的人之中，少數曾談論韻律的運作方式，以及關於詩的運動方式（無論是押韻詩或是自由詩）如何影響詩的意義的。（Gunn, 1994b）」岡恩認定鄧肯是明顯的浪漫主義者，與此同時，他也稱讚翁因特斯是「詩的國家主義者」與「嚴謹的思想

者」，能夠「運用他的思考，決定是什麼急迫的強度盤據著詩人，使之必須優先書寫出來」（Gunn, 1994b）。而且，考慮這種詩學的個人意義，翁因特斯相信「人能評估和決定，而不需在身體上投入那些可能終將遭拒的活動；還有，浪漫地身陷在感官生活中，更容易摧毀區辨的能力，因此是需要避免的」（Gunn, 1994b）。

岡恩置身於這兩種詩的遺產、這兩種氣質之間，他理解到唯有俱備一種奧林匹亞神祇的智慧，才可能達到其中一方的成果。雖然岡恩讚賞鄧肯的即興與自發性，但他知道自己在許多方面是正規的詩人，是高度具有組織與結構的人（溫蒂・雷瑟 [Wendy Lesser]，個人通信，2010 年 7 月 13 日）。對於將整個成年生活以藥物與性愛來做實驗的岡恩而言，作詩是奧林匹亞神祇的行為。它是競技場，在裡面，由鄧肯與翁因特斯所擬人化的氣質，正處於最危急的搏鬥瞬間，高度充滿活力，因而使得創造字詞成了關乎生死之事。在此意義上，寫詩是「肉搏」（wrestling）（引用自獻給鄧肯的另一首詩，Gunn, 1994a），而一本出版的書籍可被解讀為對於倖存者的解剖學；在〈帶來光明〉（Bringing to Light）一文中，意識的出現，僅被視為一個希臘戰士的姿態與一個擬人化水域之間的原始搏鬥：「阿奇里斯（Archilles）和河神阿克洛斯（Achelous）／他為整合而一而戰鬥」（Gunn, 1994b, p255-257）。拾起勞倫斯的情慾與酒神傳說，與他身為流放中的作者「較為冷酷」的面向，身為盎格魯—美國人的岡恩，建議了如何重新塑造詩人的操練，以及遠離心智戰鬥的生活：「你不可能成為『有德行的』（或成為一位好詩人），而毋需一定程度的不加篩選的經驗。然而，假如生命全都由經驗構成而沒有其他事物，則會磨損身體與頭腦。究竟需要擁有多少經

驗，是在你前進的時候必須判斷的；這就是即興的議題。
（p211）」

岡恩的最後一本詩集特意（也是充滿敬意地）命名爲《丘比特老闆》（*Boss Cupid*）。關於情慾的力量，我們無法蓄意培養，但透過制伏它，我們仍必須試著操練。他寫著：

想想！這裡的土地仍然森林繁茂，

一棵橡樹用阿貝沙隆（Absalom）的金色頭髮抓住了他。

各種愛的線索引領他往那兒走，人們的愛，他父親的愛，他自己的愛。

萬一它終究落下汁液

而從我們所架起的樹枝摩擦發聲

在我們生活之處中著魔，我稱爲著魔

樹木在我們前方就像我們在其前方？

我們以爲自己住在花園，環顧四周

卻見樹木已從各方升起。

這實在荒謬，荒謬，

而這就是我們的主要意義。

（摘自〈靠近雅典的樹林〉[4]）

在這首詩中，岡恩分類、並置了許多元素，構成情慾痛苦的茂密叢林：包括大自然之中的愛（植物與動物），文學之中的愛

4　'A Wood Near Athens', Gunn, 2000.

（《聖經》的與古典文學），甚至還包括在另一詩節中一件令人困擾卻又愉悅的個人軼事，是關於一個年輕男子於十三歲時被母親的同居人誘姦。詩的高潮發生於但丁式的地獄景像，宛如但丁本人所見，源於樹林中的迷途，以及匱乏與失落的感受。這是個來自當代對整體宇宙起源的視角，由愛的動力所驅使，被高聳突顯在雅典附近的森林之上，但明確地根植於苦難的地下世界。岡恩的詩包羅萬象、充滿對於情慾的歷史考據，而它也是儉樸的，有紀律的，堅實的，而且是令人不安的。

　　在另一首晚期的詩〈前門的男人〉的序曲中，岡恩描述了一個具體、特定的情慾處境。詩中的「你」是安迪，這個金髮、穿著草綠色襯衫的高大年輕人，突然現身在前門，在甲基安非他命的藥效下要求避難四天；詩中的「我」是個老人，他照料安迪，但他掙扎於究竟是要保護，還是去引誘他那處於弱勢、沉睡中的照料對象。在詩的第二段，老人與情慾對話，問道：

　　　　為什麼
　　你要送他給我
　　在那個週間的下午？……
　　我究竟能夠期望什麼？
　　這，邱比特，是我的哀怨……
　　若他不知道為什麼他要
　　回到我的門前
　　邱比特，我又能夠應付什麼？

（Gunn, 2000）

詩中的重大轉折，發生於這個組合從二者變爲三者時，卡森會將之認定爲莎芙式的轉換。從序曲到哀嘆，由「你」／安迪和「我」，轉移到「你」／愛神邱比特、「他」／安迪和「我」；那些問題是尊敬地向著邱比特這位「老闆」而發問，因爲邱比特被認爲比兩個人合起來還更有權力。如同卡森的主角，岡恩的老人半是哀嘆、半是控訴地發問，他到底能爲此盼望賦予什麼意義，而且如果他沒有臣服，他怎可能在如此不協調的情況下尊崇厄洛斯？

　　岡恩已經在極度精練的〈致我五十五歲生日的詩句〉寫出關於他的問題：

老人的愛不值得什麼，

是絕望的和乾枯的，即便它是火熱的。

你無法分辨何者是熱忱

何者是不由自主的搔抓抽動。

　　但現在，岡恩的主角更爲突顯的問道，到底所謂老人那絕望的和乾枯的愛，與神衹有何關係？荒謬的「不由自主的搔抓抽動」如何也能是「主要意義」？而且，我會再加上一句：推開、藐視、並且拒絕此種受苦經驗——卡森會稱其爲匱乏——的安特洛斯式（ante-rotic）後果究竟是什麼？

　　令人好奇的，在岡恩的詩裡這**老者──少年**的動態關係，令人憶起福賽利（Fuseli）的繪畫（見第四章），在其中他描繪出阿芙洛蒂式的兩個兒子，矮胖年老的安特洛斯從陰影中出現，正要靠近去觸碰年輕、睡著的愛神厄洛斯。並沒有文字或評論提及福賽利對神

　　　　被遺忘的愛神：神話、藝術、心理分析中的安特洛斯

話的詮釋。但福賽利在畫中所刻劃的，由心痛的老年與睡眠中的幼年所構成的傾斜動態關係，精確地演示出了岡恩這兩段詩中的情慾兩難。岡恩並不知道福賽利的畫作，而且他當時還不熟悉安特洛斯的神話，但他的確基於莎芙對阿芙洛蒂忒的悲嘆（見詩人吉姆・包威爾 [Jim Powell] 譯本）而塑造出了〈前門的男人〉後半段。日後，他確實有表達對於安特洛斯的興趣（岡恩，私人通信，1999 年 9 月 15 日），還有安特洛斯的神話如何能對於他的詩的第二半段，提供其悲嘆性質的解釋。

　　岡恩反對針對詩去作自傳式的詮釋。他說：「詩的真實性，在於其針對可能想像的感受之忠實度，而不是針對我的個人史。」但是在 2004 年，岡恩於一個週日的早晨六點猝死於多重藥物濫用（主要是甲基安非他命），正巧就發生在他從前門接待了一位身分不明的訪客之後。這個事件使我在閱讀〈前門的男人〉時染上了一層色彩，讓其中莎芙式的悲嘆詩句更加攸關生死；同樣的事情的確也發生在莎芙身上，即便身為阿芙洛蒂忒的女祭司，她同樣從白色岩石跳下而亡。

　　安特洛斯能被列入卡森與岡恩所定義的那些情慾問題之中嗎？「安特洛斯式的」（anterotic）能有意義地被應用於他們所描述的愛者的匱乏（poverty）情形嗎？這兩位詩人是否發明了新方法，來談論像安特洛斯這樣的特質？我認為是的。他們筆下的這些愛人刻畫出一種悖論：一方面感到盈滿並與愛神厄洛斯融為一體，另一方面感到空虛並受到剝奪、在所愛的人面前感到無力，因為他們身份認同的問題，「我是誰？」此一關鍵掌握在他們所愛的人手中。而被愛的人，究竟是會榮耀、還是污辱那個因愛而無力，並在那問題中

遭受痛苦的人？安特洛斯的古典神話強調了一個重要的可能性，即在因為「你」而造成的匱乏之中反思。某種在此空間中能生長並且茁壯的東西。

卡森與岡恩兩人都沒有明確地運用安特洛斯的形象。然而，他們描述了某種類似安特洛斯的人物形象，雖然並非有意而為，他們呈現了在自己所刻畫的情慾思維之中，像安特洛斯這樣的形象是必要的。彷彿他們必須知道安特洛斯，彷彿他們已經感應到安特洛斯作為一股潛力，正在我們情慾想像體（imaginaire）的邊緣等待著。

馬特・格朗寧（Matt Groening, 1954-）拾起這則神話，也彷彿不知情似的，為了諷刺的目的而重新搬演這齣故事。在他的漫畫系列〈生活在地獄〉中，格朗寧畫出了兩個角色，他們困於對手般的情慾關係中。亞格伯（Akbar）和傑夫（Jeff）總是反覆處於或融洽、或互相對抗的關係之中。融洽的時候，他們互相碰觸食指，漂浮在一種幸福而極度愉悅的忘我之中；對抗的時候，他們總是互唱反調、彼此羞辱。在漫畫的某一回中，他們精準的搬演出保薩尼亞斯的安特洛斯神話。其中一人像是提馬戈拉斯，從著魔且匱乏的情慾地位，對著被愛的另一人說話。猶如格朗寧讀過卡森的，關於莎芙殘篇第 31 篇的「膽敢」（daring）的論點，漫畫始於以下字句：「大膽向我提出任何要求。」如同梅萊斯，被愛的人以大眾心理學中各種有效建立關係的陳腔濫調，反諷地奚落那個愛者[5]。當然，格朗寧有意導入他的宇宙觀：讓〈生活在地獄中〉成為一個顛倒矛盾

5　此回漫畫標題為〈我要你大膽跳下懸崖〉（'I Dare You to Jump off a Cliff'）。在愛者的允諾下（「大膽向我提出任何要求」），被愛者提出各種要求，諸如「我要你大膽和我分享你最深入的感受」、「我要你大膽地原諒並接受我」、「我要你大膽地允許我的愛進入你的心」等，愛者皆以沉默回應。最終被愛者提出「我要你大膽跳下懸崖」的要求，愛者終於乾脆地照辦。

的諷刺國度，一種對於世間浪漫目光的通俗諧擬。這位愛者──犧牲者（lover-victim）並沒有去做任何一種被愛者所要求之愛的展演；最後，不如直接跳下懸崖還容易些。在這諷刺的當代情境中，跳下懸崖這件事，感覺並不像提馬戈拉斯那樣是為了情慾而跳，卻更像是格朗寧在嘲弄我們那些已經破產的語言：過度講究心理學、過度控制、受自我驅動的愛的辭彙。如果格朗寧那高妙冷諷的直覺是正確的，那麼今天的安特洛斯就是為了一個特別嚴峻的時代而存在著。

波蘭導演克里斯多夫・奇士勞斯基（Krzystof Kieslowski）的電影【情路長短調】（*A Short Film About Love*, 1988）似乎包含了另一種安特洛斯（Anteros）的形象，他是現身的，但就像在龐貝祕儀莊（Villa of Mysteries）角落的第二個愛慾之神（erote）那樣，沒有明顯的特徵。

托馬克（Tomak）是一個十八歲的孤兒，他租下了一個朋友的房間。他習慣性地用望遠鏡偷窺一位三十歲的女人，住在鄰近街區公寓的瑪格達（Magda）。幾個星期以來，他看著她下班回家，看著她添加牆上壁毯的細節、與某個訪客做愛，或在廚房的桌子崩潰大哭。他開始匿名打電話給她。他使用一連串偽造的郵遞通知，試圖引導她前往他工作的辦公室。伴隨著害怕與盼望，他尷尬地向她坦承了自己踰越道德的行為。瑪格達非常憤怒，但她似乎夠同情他，而終究同意在餐館與他見面。稍晚，托馬克接受邀請回到她的公寓（見圖 6.1），在隨後的情節中，她摧毀了他（的真心）而使得托馬克回到家中割腕自殺。

安特洛斯的影像在電影進行到一半時出現了：當托馬克離開自

己的公寓，走過馬路要前往瑪格達的公寓途中，他沒察覺到自己與一個神祕的、看起來雌雄同體的男人擦身而過，這個人站在庭院裡，拿著兩個行李箱，看著托馬克，卻帶著醒目的微笑。稍後，托馬克在試圖自殺後被緊急送醫、最後又回到自己的房間，此時瑪格達下樓、穿過馬路要前往他的房間。神祕人物仍舊站在兩棟建築物之間，仍然帶著兩個行李箱，現在轉而看著她。

在一次訪談中（Kieslowski, 1995），奇士勞斯基談到出現在【愛情長短調】中的神祕男人，這個神祕人物也幾乎同時出現在他的「十誡」（Decalogue）系列的所有影片中。他描述觀眾如何開始談論這個安靜的見證者、無聲的天使，或純粹代表著這十部影片的命運。奇士勞斯基曾指導該演員「彷彿你距離地面五公分地演出這個角色」（Kieslowski, 2004）。對我來說，這個安靜的陌生人提供了一個空間，讓觀眾能抓住關鍵的幾秒去一瞥這位「神」—— 他統管了十部不同敘事影片的每一部。

在【愛情長短調】中，我想像愛神厄洛斯與安特洛斯，就是帶著兩個行李箱的這名男子（圖 6.2 a, b, c）。厄洛斯（Eros）掌管了影片前半部，經由慾望的鼓動，托馬克跨過庭院去見瑪格達。安特洛斯則掌管了影片的後半段，當視角從愛者移往被愛者，當慾望反射回來，當瑪格達焦慮地走向托馬克的公寓，進入他房間，看到睡眠中的年輕男子差點為愛而死。隨後兩個觀點交疊，瑪格達經由望遠鏡窺視著對街她家的窗戶，神奇地看到了她自己—— 彷彿她在望遠鏡視野裡，在廚房桌上狂亂地、孤單地哭泣。她先是懊悔不已。最後，在影片的最後數秒鐘，霎時，交疊的視野竟然神奇地加倍了：經由望遠鏡，瑪格達看到托馬克進入她的公寓、向她走去，向

圖 6.2　（a,b,和 c）奇士勞斯基 1988 年的電影【愛情長短調】中，主角托馬克走過街道，遇到帶著顏色一深一淺行李箱的安靜見證者。　（Copyroght © Studio Filmowe TOR）

坐著哭泣的她伸出手來。奇士勞斯基以最後的影像結束影片：瑪格達推開望遠鏡閉上雙眼，彷彿試著去留住這些匱乏與大膽的影像，並在這個片刻沉思她所看到的景象。她看到了。

　　這是一部關於愛情的短片，厄洛斯與安特洛斯接續地掌管著影片，奇士勞斯基並沒有對這些短暫的翻轉時刻做出額外的演繹。但最後幾秒鐘的轉變，是如此令人驚愕與困窘，使這八十七分鐘的影片，成為一部深受當代觀眾喜愛與崇拜的另類影片。它重新述說了希臘的提馬戈拉斯和梅萊斯的神話，也復甦了對於安特洛斯的崇拜。

圖 7.1 厄洛斯與安特洛斯。版畫，仿義大利羅馬的法爾內賽宮（Palazzo Far-
　　　　nese）由阿尼貝里‧卡拉齊（Annibale Carracci, 1560-1609）所繪之壁
　　　　畫。

來源：本書作者收藏

從心理學看安特洛斯：佛洛伊德、拉岡、吉哈爾

精神分析的探尋是否已一路向下發展直到主體之前的狀態（the ante-subject）？如果深入刺探到那個層面，能夠在那裡找到闡明人格夢境的解釋要素嗎？

──加斯東・巴舍拉

〈夢想者的「我思」〉[1]

1　Gaston Bachelard, The "Cogito" of the Dreamer.

安特洛斯神話的歷史，展現出神話的形象可能如何受到化約，以服務於單一論述下的意義。從他在古雅典人想像中的無政府主義角色，到後來因為與他形象完全不一致的教條化標籤，而被文藝復興時代的基督教道德主義者和新柏拉圖主義者所復甦。倒不是說，像圭多雷尼在畫作〈神聖與世俗之愛〉中所呈現的這類題材是「錯誤的」：相反地，那幅畫生動地描繪出，在當時父權結構的基督教處境下，厄洛斯崇拜所面對的困境。不過，隨後在浪漫派的想像中到來的地府安特洛斯，則指出一種物極必反的特性，某些事物積極、甚至恰當地反對著安特洛斯和他的兄弟受到政治性的復甦。這幾乎使他的歷史充滿告誡意味。

要將一則神話置入心理學，必然需要轉換神話形象與文字敘述，使之成為日常通俗的語言。在本章與第八章，我會使用安特洛斯的神話，來檢驗心理學的評論與學說。不過與此同時，這些心理學的解讀，對於加強我們理解安特洛斯與其複雜的歷史和形象，是否有所貢獻呢？

佛洛伊德（Sigmund Freud）、拉岡（Jacques Lacan）、吉哈爾（René Girard）以及榮格（Carl Gustav Jung）都將厄洛斯視為渴望（desire），安置於他們理論架構的核心。不過他們全都忽略了安特洛斯。在這些思想家提出當代厄洛斯議題的策略時，安特洛斯所代表的對抗力量可能扮演什麼角色？在安特洛斯的神話裡，泰美斯療癒了厄洛斯無法獨自長大的問題，那麼這些思想家治療策略的任何細節，有可能啟發或提昇我們對於安特洛斯的理解嗎？

佛洛伊德將厄洛斯置於精神分析理論的核心，以呈現他在廣泛意義上所指稱的性慾（sexuality），而不僅是性器的活動。在二十世

紀初期，佛洛伊德將他的精神分析理論建立在性慾本能／力比多（libido）的自然觀點上，當然這是眾所皆知的。但是在 1925 年，其職業生涯的相對晚期，他修改了早期著作《夢的解析》（*The Interpretation of Dreams*, 1900）中的註解。在這些修訂裡，他藉由將「性」（sexual）置於更寬廣的神話情境中，從「愛慾」（Eros）的意義論及「性」的概念。約莫在同一時期，佛洛伊德開始強調「愛慾」這個詞彙，即便他擔心這樣一個神話時代的詞彙由於僅指涉昇華後的形式，可能會有掩飾性慾、或減低其重要性的風險（Laplanche and Pontalis, 1973, pp.153-154）：

　　任何認為性是傷害並有辱人類本性的人，會更容易使用「愛慾」（Eros）和「充滿愛慾」（erotic）這類較為文飾的表達。我或許可以從一開始就這麼做，好幫自己省下許多受到反對的麻煩。不過我並不想這麼做，因為我要避免對怯懦讓步。人們無法知道事情最後的走向：一開始可能是在文字上讓步，接著是一點一滴地在本質上退讓。[2]

　　佛洛伊德想知道使用「愛慾」這個字，是否會使他叛離精神分析取向的明確性——是否會因為這麼做，而使他無意間與文化中的性壓抑和意識斷裂的強大遺產產生共謀。儘管如此，佛洛伊德還是想要使用這個字。在他的論文〈超越快樂原則〉（Beyond the Pleasure Principle, 1920）中，他大膽提出了新的精神分析概念，他認為愛

2　Frued, 'Group Psychology and the Analysis of the Ego', 1921, p.120

慾在意義上等同於維持所有生命體的「生之本能」（life instinct）。
他並將愛慾的理論，置於以柏拉圖〈饗宴篇〉亞里斯多芬的神話作
為開端的傳統中，以便賦予他的精神分析理論在歷史與哲學連續軸
上的定位。或許是為了對治第一次世界大戰的心理後果，他首度建
構出二元本能的動態結構理論，其中原初的愛慾對抗著死之本能：

> 我們逐漸知道「性本能」（sexual instincts）為何物，從其與性
> （sexes）以及繁殖功能（reproduction function）之間的關係。在精神
> 分析的發現之後，我們必需保留性本能的名號，使這些新發現與繁
> 殖之間的關係較不緊密。伴隨力比多具有自戀特質的假設、以及力
> 比多的概念被擴充至個體細胞，性本能已然變形成為愛慾，企圖將
> 生命要素的各部分融合、團結為一體。我們經常稱其為性本能之
> 物，被我們看成是愛慾能量的一部分，直接導向客體。我們的推測
> 是，愛慾從生命之初開始運作，以「生之本能」現身，與透過回復
> 成無機物質狀態而被帶進存在之「死的本能」相對抗。藉由假設這
> 兩股本能從一開始就彼此競爭，這樣的學說期望能解開生命之謎。
>
> （佛洛伊德，1920，p.334, n.1）

拉帕朗奇（Laplanche）和彭他利斯（Pontalis）強調，佛洛伊德
在此並未如晚近的佛洛伊德學者使用希臘文「死的願望」
（Thanatos）一字，這可能是因為他本身想要保留「死亡」（de-
ath）這個詞彙自然主義的直接性（Laplanche and Pontalis，1973, p.
447）。不過，透過建立對抗死亡的愛慾理論作為其心理學基礎，佛
洛伊德巧妙地將他對於驅力與本能的精神分析和唯物主義的論述，

導向了神話力量的心理學寓言。

　　佛洛伊德從未在他的標準版作品集中，提起過厄洛斯對抗安特洛斯。唯一提起安特洛斯的佛洛伊德學派文獻，則是很晚近才出現的《厄洛斯與安特洛斯：有關性之心理分析的反思》（*Éros et Antéros: Réflexions psychanalytiques sur la sexualitié*, 1971），這是法國精神分析學會的兩位成員，丹妮絲・布倫瑞克（Denise Braunschweig）和米歇爾・范恩（Michel Fain）的著作。布倫瑞克和范恩將這兩位神話兄弟的二元對立，加進了佛洛伊德的愛慾和死亡本能之間的對立。不過他們的標題是個誇大的說法，這本 280 頁的書籍只提起過安特洛斯五次：出現於導論，內文則隻字未提，然後在結論當中又簡短提起。遺憾的是，布倫瑞克和范恩錯將厄洛斯與安特洛斯當成「雙胞胎」，而非同母異父的競爭手足。更糟的是，他們並未參考原始希臘版本的故事、或者是文藝復興時期的詮釋，而只依恃涅爾瓦的十四行詩，我曾經提到，該作品是鑲嵌在非常特定的法國浪漫主義時期的世界觀與情境之下的短詩（Braunschweig and Fain, 1971, p.11, n.3）。

　　即便如此，布倫瑞克和范恩還是替佛洛伊德派的學者們做了重要的嘗試。佛洛伊德以伊底帕斯情結來解釋男嬰與女嬰對待父母的態度，雖然這種情結因為女孩對於母親的前伊底帕斯依戀的重要性而有不同效果，不過對於兩性來說，陽具（phallus）的存在與缺席皆具有主導地位。布倫瑞克和范恩批評這個觀點是以陽具為中心，並介紹了克萊恩（Melanie Klein）所區隔出來的女性性慾自有其複雜命運的對立觀點。他們認為女性活在兩種伊底帕斯衝突之中：「其一是克萊恩所描述的準生物學（quasi-biology）的衝突，男性角色是受限的，且其基本渴望是擁有孩子；另一種則是佛洛伊德所論述，

在父親法則與閹割情結的主導之下而來的衝突。」（Birksted-Breen, 1993, p.103）他們將安特洛斯帶進討論之中，以描繪兩極動態關係中的厄洛斯。對他們而言，這對兄弟神祇代表了兩股在性的領域中相互衝突的對抗力量，不過這是在佛洛伊德生死本能的二元對立之外。他們以孤立的陽具自戀（phallic narcissism）來定義安特洛斯，讓愛者免於過度與他人認同、或認同於現實法則：

　　女性情慾被銘印上一個方向，它並不從屬於男性情慾，而是附屬於陽具自戀。這件事本質上是反情慾的（anti-erotic），正如同對男人而言必須自此脫身，對女人而言，則不要去衝撞或為此煩憂，如此他們才能夠在彼此懷中再一次找到自己。不過女性情慾對於陽具自戀的從屬，看起來經常比實際上更加明顯，這樣的結構最終能使女性從與母親深深嵌入的衝突當中解脫出來。這得歸功於父親法則所提供給她的心理防衛的可能性。

（Braunschweig and Fain, 1971/1993, p.144）

　　讓人好奇的是，作者將成熟的愛描述為一種產物，並不是厄洛斯與安特洛斯之間永不完結、具有創造性的張力關係，而是將成熟的愛視為厄洛斯戰勝安特洛斯的結果（布倫瑞克和范恩，1971, p. 258）。考量佛洛伊德學派和克萊恩學派理論的結合，這番詮釋有其道理：以精神分析的語彙來說，心理成熟的個人負責任地選擇所愛的客體對象，並讓現實法則凌駕於自戀之上。不過當然，這樣的意義在原初的希臘神話中是不成立的，更不用說在涅爾瓦的十四行詩裡。顯然，他們誤讀了希臘文anteros的詞源，以為那是「反情慾」

（anti-erotic）的意思。儘管如此，他們企圖提升精神分析理論，藉由安特洛斯的神話將它從陽具中心理論中解放出來，還是引人入勝。無論他們對於神話的解讀有多麼表淺，他們本身似乎認同於安特洛斯：他們將自己置身於護衛厄洛斯、對抗專橫父權結構的女性角色中，正像涅爾瓦詩句裡的安特洛斯與他的母親結盟，對抗耶和華。

相對於布倫瑞克和范恩的徵召安特洛斯、試圖將精神分析理論從陽具中心主義當中解放，拉岡反而將佛洛伊德理論帶回陽具一元論，把閹割同時當作男孩與女孩的核心概念。拉岡形容，無意識就像一種語言那樣具有結構，在此結構中，父親所代表的是母親與孩子之間的和諧關係破裂的時刻，是透過語言「進入文化」的時刻。父親作為第三者，造成孩子在語言上與其所渴望的對象區隔開來。拉岡學派對於陽具的想法並非解剖學上的意義，而是隱喻式的：由於父親在場所引發的「閹割」，是具有象徵意義的能指（signifier）所描繪的一個空間、一種匱乏、或者缺席。「閹割」替不論性別的主體所經驗到的他者性質命名，主體試圖呈現內在經驗，而求助於母子倆互動共生的認同之外的文字。

有些重要的事情須在此說明，首先，身為傑出的佛洛伊德解讀者，拉岡改變了我們現在將佛洛伊德的愛慾詞彙翻譯為英文的方式。大衛・麥西（David Macey, 1988）是拉岡的傳記作者，清楚表達過這個觀點。佛洛伊德的德文概念Wunsch（渴望）一詞，翻譯成法文是 désir（欲望），以往曾經由詹姆士・史崔屈（James Strachey）在佛洛伊德作品的標準版裡翻譯成英文wish（願望）。不過，當拉岡這位法國人以 désir 一詞來撰寫佛洛伊德學派的 Wunsch 時，

他的英文譯者並未遵循正統英文佛洛伊德版本的 wish（願望）之譯名，而是重新將 Wunsch 翻譯為 desire（欲望）（Ecrits, pp. 256-257）。從 1950 年開始，拉岡「力比多是欲望」的觀點，取代了正統佛洛伊德派「力比多是本能啟動的願望」的看法。

這項改變，使得古希臘神話學與佛洛伊德心理學對於厄洛斯的共鳴更為明顯。詞源上，desire 在中世紀英文和古法語中的 desir 都來自拉丁文 desidero，所指的是「考慮思量」和「感到遺失某物、惋惜某物缺席」的意思（簡明牛津辭典，1995, p.366）。Wish 這個字則來自於古高地德語 wunsken，以及英文中的 wont（習慣）。在今日僅用於表達像是 as in my wont（我的習慣是），其中 wont 所指稱的是「習慣」（habit）。力比多（Libido）則源自拉丁文 libido-di-nis，所指的是「強烈的性慾」（lust）（簡明牛津辭典，1995, p. 784）。拉岡將「想要」（want）與生理上的「性慾」（lusting）重寫成「欲望」（desire），並將其意涵中的「感到匱乏」（feeling a lack）作為精神分析理論的核心。拉岡以這種方式，比佛洛伊德本人還有效率地將佛洛伊德學派的愛慾觀念，連結回柏拉圖《饗宴篇》裡亞里斯多芬所提到被分割的四腳兩頭的人類；也連結到莎芙在殘篇 31 中所描寫的「貧瘠」，回到卡森所闡述，莎芙筆下的愛人、被愛者與他者這個苦甜三角結構中的空洞空間。

拉岡指出了需要（needs）、要求（demands）與欲望（desires）這三者的不同。「要求」是對於基本需要的文字化表達（像是兒童對於賴以生存的養份之生理需求）；「欲望」是當需要一旦被滿足後的持續渴求。欲望並非因為想要佔有特定客體的願望而導致；而是由主體心中標誌著分裂或切割的「匱乏感」所造成（麥西, 1988,

pp.94-95）。拉岡形容，欲望是懇求從他者那裡獲得所欠缺的互補之物：「從對於他人的欲望中，欲望找到了它自身的意義。」（Ecrits, 1966, p.58）從這層面來看，麥西認為拉岡的立場受到法國對黑格爾的解讀的影響，與受到佛洛伊德的影響一樣深遠：舉例來說，他說拉岡接受希波利特（Jean Hyppolite）的黑格爾論述：「人類的欲望總是對於他者的欲望之欲望。」（Hyppolite, 1947/1971）

在讀過亨利‧瓦隆（Henri Wallon）於 1947 年發表的兒童心理學研究之後，拉岡定義了在六至十八個月之間的一個階段，這是小孩開始在鏡中認得自己形象的時候，鏡子為小孩提供了一個具有功能的、可見的整體樣貌，這是小孩還沒有能力在心理上達到的狀態。小孩認同於將會成為的形象，這是自我認同的辨認過程，由想像而得卻具有功能，如同幻覺一般因此也是疏離的。拉岡借助納西瑟斯（Narcissus）的神話來闡述，小孩因渴求自身的倒影而進入想像層（imaginaire）[3] 的範疇。佛洛伊德對於自戀的定義在此舉足輕重，就如同我之前所提過的，他描述一個健康的成人會放棄想像層的獨處狀態，以接受現實法則。在此，拉岡重新將欲望置於精神分析理論的正中央，以與生俱來的不足感（founding lack）這種主體與客體之間在想像層中產生的匱乏感受，來定義欲望。

拉岡未曾直接引用過安特洛斯。對於拉岡的鏡像階段概念來說，安特洛斯可能會有所助益，因為古典的安特洛思概念是「回應的愛」，與正統佛洛伊德自戀的概念並不同。舉例而言，想想龐貝祕儀莊的圖像如何區分兩種不同的倒影（圖 7.2 與 7.3）。在其中一

3 　拉岡理論中區分出象徵層、想像層、真實層的三個層次。

張圖中，賽列努斯（Silenus）[4] 端著一個傾斜的酒碗在半空中。一位年輕的農牧神並未從酒碗喝酒：他盯著裡面看，彷彿那是一面鏡子。那張倒映在酒面上的臉龐嚇壞了他，不過他對於我們所看見的並不知情，即：第二位農牧神拿著一張面具在半空中，這個擺放的

圖 7.2　賽列努斯與（看著倒影的）年輕農牧神，濕壁畫，西元前 70-60
　　　　年間。東側牆面，義大利龐貝祕儀莊。

4　賽列努斯（Silenus）為希臘神話中酒神戴奧尼索斯（Dionysos）的同伴與導師。

位置，使得正在找自己倒影的那位不知道他看見的並不是自己，而是一張表情扭曲、充滿戲劇性的面具。在此，酒中的倒影造成自戀入迷與驚恐的微妙混合，類似於拉岡的想像層。在第二張圖中，如同我在前面所提過，這位女人坐著望向房間的中心點，彷彿正在沉思。她的女僕梳理著她的頭髮、看著由愛神高舉的手持面鏡。另一位愛神從角落看著這三人，形成了一個四人的組合。如果最後這位

圖 7.3　（看著倒影的）女人由女僕梳理她的頭髮。濕壁畫，西元前 70-60 年間。南側牆面的西南角落，義大利龐貝祕儀莊。

人物手中的弓標示出他是厄洛斯，那麼（如同我在第一章所主張）鏡子可能標示出另一位愛神是安特洛斯。祕儀莊的濕壁畫有著兩種倒影、兩位愛神與他們不同的屬性，這對於拉岡欲望和想像層的理論能有什麼貢獻呢？

探究安特洛斯的神話時，重要的是能夠從許多僅只是裝飾的愛神天使畫作中，區別出分屬這兩兄弟的描寫。同樣的，將以鏡子為主題的畫作，區分出哪些在描繪自戀情慾（Eros）的動態關係、哪些在描繪安特洛斯的動態關係，或許會有所助益。祕儀莊的濕壁畫，似乎正好做出了這種區隔。確實，濕壁畫的藝術家描繪了年輕男子受到哄騙、觀察著酒面；同時，受到啟蒙、結束祕儀的女人端坐在鏡子前，卻朝外看著我們。

集醫生、戲劇導演、作家身分於一身的喬納森・米勒（Jonathan Miller, 1998）注意到鏡子這種工具，如何成為文學和視覺藝術當中重要多變的主題；人類又如何以各種方式來呈現他們自己與自身鏡像的明確關係。在某些案例中，主題是道德中立、不具批判的表現，鏡子在其中只有傢具物件的功能、用於日常生活。不過更為常見的是，它們是道德的舞台，他或者她所全神貫注的自身倒影，是不道德行為的肖像。佛洛伊德的陽具自戀觀點、以及對於現實法則的神經質否認，都與描寫納西瑟斯與其「自戀」異常行為的藝術傳統緊緊相連。

即便是當代藝術作品，像是法蘭西斯・貝肯（Francis Bacon, 1909-0992）為他的同性愛人喬治・戴爾（George Dyer）所畫的坐在鏡子前方的那些畫像，也是批判性強、讓人感到困擾不安的。貝肯和戴爾的故事，可以被解讀為安特洛斯歷史當中的另一個章節。就

像涅爾瓦夢中的天使跌落巴黎庭院這樣一個無法張開翅膀的小空間，戴爾闖入貝肯的公寓——這個竊賊從天窗掉進藝術家狹小的工作室。幾年之後，當貝肯在巴黎大皇宮（Grand Palais）的開幕酒會上慶賀首次以戴爾肖像為主角的大型展覽時，戴爾在他們巴黎的飯店裡，正因為服藥過量而奄奄一息。在傳記影片【情迷畫色】（*Love Is the Devil*, *Maybury*, 1998）中，德里克・雅各比（Derek Jacobi）扮演貝肯，他既珍惜又剝削著他的繆斯戴爾，但相反的，他無法在情緒上回應與尊崇戴爾的脆弱與情感。涅爾瓦的兩難困境，即他的阿尼瑪是也不是珍妮・科隆；以及貝肯的兩難困境，即他的阿尼瑪是也不是喬治戴爾——在此糾纏不清。在貝肯的鏡像畫作當中，有些事物讓觀賞者看見了他對於愛人的漠視，那是具有破壞力的。

不過，將照鏡子描繪成自我主張，也是種強有力的藝術傳統。試想這樣的例子，范・艾克（Van Eyck）的著名畫作〈阿爾諾非尼夫婦〉（*Arnolfini Portrait*, 1434）（見 Barron, 2008），鏡子放在新婚伴侶的身後、兩人之間；或者，較接近我們時代的盧西安・佛洛伊德（Lucian Freud）那非常直接又具有權威的自畫像作品。同樣的，在愛神替阿芙洛蒂忒舉起鏡子的熱門主題當中，回應愛的那位愛神可能經常被忽略，這甚至是比祕儀莊還要古老的傳統。在哪些時候，包含鏡子的畫作所描繪的是具有破壞力、以自我為參照的時刻？那是對於兩人互惠回應關係的邪惡、拙劣的模仿，讓人困在隱祕又具有精神病特質的想像層當中。在哪些時刻，這樣的畫作與古典希臘相互回應愛的安特洛斯行為更為一致，而使得厄洛斯成長起來？如果莎芙和奧斯卡・王爾德的觀點正確，自戀行為以空洞的迷戀陶醉將個人填滿，而安特洛斯行為則弔詭地反映出真誠、具有創

造力的匱乏。

　　吉哈爾（Réne Girard）的擬仿慾望理論（theory of mimetic desire）對於這種匱乏，改以不同角度來理解。他試圖揭露，個人以及社會正爲了保有聯繫而說出浪漫的謊言。如同拉岡對於希波利特的解讀，吉哈爾的研究描述了人類如何以在具有權勢的他者身上所見的欲望，作爲建構我們自身欲望的模型：人們之所以渴望一個物件或對象，並非爲了物件本身，而是因爲另一個人也渴望著此物件。吉哈爾指出了在文學或者人類學之中，人們愛上具有權勢的朋友所鐘愛的人或物品的那些時刻。因此欲望的榜樣或媒介，也成了競爭敵手與阻礙，欲望轉而成爲暴力。一言以蔽之，這是吉哈爾對於我們對權力的飢渴、以及害怕自己無足輕重的心理學理論；欲望的對象幾乎是抽象的。或許吉哈爾在戰爭時期的經歷爲他的理論染上了色彩。1947 年，他離開法國前往美國教書，因爲感到人身安全無虞，他得以描寫出集體飢渴和恐懼匯聚成擬仿慾望（mimetic desire）之間的競爭，只能透過儀式化的替罪羔羊機制來化解：一群暴力的個體，因爲確認和犧牲指定的受害者而覺得團結。在神話傳述的核心、以及社區和社會組織的形成當中，都棲息著這種使人們結合在一起的不良信念與暴力儀式。

　　吉哈爾藉由繞過潛意識和內在心靈，藉由反駁欲望是從自我內在主動發生、受客體的吸引力所誘發之極端信念，而反對精神分析理論。他認爲擬仿慾望是因爲人模仿具有權勢的客體的欲望而產生。舉例來說，在他的書《暴力與神聖》（*Violence and the Sacred*, 1972/1977）其中〈佛洛伊德與伊底帕斯情結〉（Freud and the Oedipus Complex）這一章裡，吉哈爾強調，佛洛伊德忽略了兒子對

於母親渴望的程度，最初是模仿父親對母親的渴望而來。吉哈爾指出，佛洛伊德沒有考量到事實上兒子對父親的最初認同——模仿、崇拜、尊敬的情感，是註定要轉變成負面情緒——絕望、罪惡感、怨恨不滿：「伊底帕斯情結，構成了對於擬仿慾望雙重束縛的錯誤解讀」（Girard, 1972/1977, p.201; 亦可參見 Girard,1987a）。套用格雷戈里・貝特森（Gregory Bateson）雙重束縛的概念，吉哈爾認定兒子對於父親的鏡像是他欲望的來源、也是他日後衝突競爭的來源。

在吉哈爾的論文〈自戀：由普魯斯特去神話之佛洛伊德的神話〉（Narcissism: The Freudian Myth Demythified by Proust, 1987b）中，他批評了佛洛伊德對於自戀的想法。當佛洛伊德描述健康成人是放棄兒童的天生自戀，偏好現實法則、與所愛的客體建立良好關係；吉哈爾則引用普魯斯特（Proust），來呈現人可以同時具備自我導向（self-oriented）與他人導向（other-oriented）：

> 因此，沒有什麼是比這看起來矛盾的，自我中心與他人中心的結合，更具有邏輯的。佛洛伊德沒有觀察到這層道理、或者他拒絕如此，因為他堅持將他眼中「對客體的欲望」（object-desire）視為缺乏自我的姿態，是刻意地、善意地犧牲著「自給自足狀態」（self-sufficiency）……在普魯斯特書中，「幸福的自主」（blissful autonomy），還有客體的「自給自足狀態」並不真實，它們從未被任何人經歷過。它們是慾望的海市蜃樓，錯誤地授與給所欲求的對象。
>
> （Girard，1978b, pp.180-181）

如同佛洛伊德與拉岡，吉哈爾將欲望置於他的理論核心，但是

他對伊底帕斯和自戀的解讀，似乎控訴著佛洛伊德和拉岡是欲望的海市蜃樓的永久保存者。

　　吉哈爾並沒有說安特洛斯是厄洛斯問題的解藥。他強調的是替厄洛斯去除神話色彩。只有頓悟欲望是擬仿而來，才能破除其魔咒；只有理解到有人是替罪羔羊，才會感覺到繼續這麼做有困難。擬仿過程如何運作的知識，幫助人們避免讓他們的思考行為受其控制。身為具有天主教信仰的思想家，吉哈爾將基督詮釋為在慎思後決定擔任替罪羔羊、使替罪羊的機制顯現出來，人類才得以選擇放棄自身的錯誤。佛洛伊德派的放棄聲明，是選擇「真實的客體愛」（true object-love），而不選擇自戀；吉哈爾派的放棄聲明，是承認所有欲望的失敗：「一個人變得越病態地自我中心，他也變得越病態地以他人為中心。」（Girard，1978b, p.187）

　　或許吉哈爾會以完全不同的方式，來解讀鮑薩尼阿斯的梅萊斯和提馬戈拉斯的故事。他可能會將梅萊斯詮釋成提馬戈拉斯欲望的典範和中介者，這麼一來他們就無可避免地會先彼此產生連結、然後摧毀對方。提馬戈拉斯將遵守他的典範的命令、跳下懸崖，然後梅萊斯因為突然失去他作為中介者的權力、經驗到他自身的無足輕重，而照樣行事。然後，我推測吉哈爾可能會將這則神話的構成和安特洛斯的祭儀描述為「不良的信念」，一種文化的企圖，使用敘事和儀式來隱藏交互的暴力機制，以及將雙方都摧毀的雙重束縛。吉哈爾可能會將提馬戈拉斯的故事視為其理論的例證，也就是以厄洛斯作為欲望的錯誤迷思必須被反對。但如果這代表把安特洛斯置於否認的角色，那麼吉哈爾派的詮釋將可能侷限安特洛斯於阿爾恰堤的傾斜動力關係中：安特洛斯將厄洛斯綁在木樁上、燒毀他的武

器。

　　佛洛伊德、拉岡、吉哈爾將欲望放置於他們理論的中心，但同時他們的心理學研究理論顯然在去除厄洛斯的神話色彩。以這個觀點來看，吉哈爾派的學者尤金・韋伯（Eugene Webb）認爲，佛洛伊德學者和吉哈爾學者共享了特別黑暗的、霍布斯（Hobbes）[5]哲學觀點下的厄洛斯，以及他如何於人類世界呈現自己（Webb, 2001, p. 230）。不過，僅僅將安特洛斯的神話視爲反對論述，以及將厄洛斯化約成本能、或者心理學機制的簡化概念，是很可惜的。安特洛斯對抗厄洛斯，並不是爲了要消滅他，而是確保他們兩者的成長。在這層意義下，將安特洛斯心理學化，是否也能夠重新替厄洛斯恢復神話的色彩？

5　霍布斯（Thomas Hobbes, 1588-1679），英國政治哲學家。

圖 8.1　厄洛斯和安特洛斯纏鬥。泥土塑像，西元前一世紀末期。
©版權為希臘文化部所有 （Copyright © Hellenistic Ministry of Culture）

從心理學看安特洛斯：
榮格

你說：基督教的神不是模稜兩可的，祂
就是愛。但是還有什麼比愛還曖昧不明的
事？愛是生命的道路，但當你有左右之分，
你的愛仍只是在接近生命的途中。

──榮格，《紅書》第一章[1]

───────────────────────────────────

1　《紅書》（The Red Book）的拉丁文書名為 Liber Novus，拉丁文譯名為新書。

早在二十世紀，榮格在蘇黎士執業心理治療時，他就將厄洛斯放在他的理論核心，如同佛洛伊德將生命本能的概念引進其精神分析理論，榮格將「宇宙起源的厄洛斯」（cosmogonic Eros）[2]構想為最原初的聯結力量。榮格也以心理學的語彙，說明與心靈有關的厄洛斯法則，對抗並且彌補了理性（Logos）法則的不足。前者創造性地聯結並涉足經驗，後者則將經驗切割成局部、以便評價和區分這些片段。他也做出著名的辨別：「邏輯上來說，愛的相反是恨、情慾厄洛斯的相反是害怕（Phobos）；不過以心理學角度來說，它是朝向力量的意志（the will to power）。」（Jung, 1917）

　　榮格對於厄洛斯的理論，可能比其他大部分的理論更具備理解安特洛斯的潛力，因為榮格以嶄新、迥然不同的方式處理神話。榮格把神話當成具有原型核心的文化敘事，用心理學加以分析。這表示，他在神話背後的原型面向，找到了他想要尊重的相異特質或不同之處。因此在處理神話的方式當中，他展露出敬畏之意：

　　我們（對於原型）所做的說明或詮釋為何，我們對自己的靈魂便是同樣為之，並為我們的福祉帶來相應的後果。原型——我們永遠不要忘記——這是我們所有人內在都具備的心靈器官。不善的解釋意味著對於這個器官抱持相應的有害態度，而可能導致傷害。不過最終的受害者，會是這位不善的詮釋者自身。

　　榮格在此提出警告，分析師所習得、並帶到他們與個案的臨床

2　Cosmogonic 意指天體演化學、宇宙起源論，專指研究宇宙的起源、歷史、結構、與動力關係的天文學分支。

實務當中的道德態度，也會使神話貫穿於他們的工作之中。某種程度上，這使人回想起鮑薩尼阿斯關於這則神話的第一個故事。在那個故事當中，安特洛斯親自報復了那些人，他們對於其兄弟神祇體現在另一個人類身上的原型，不夠或是沒有恰如其份地表示尊敬。

　　榮格的分析心理學所創建的心靈動態結構理論，與厄洛斯以及安特洛斯的動力關係是相近的。對於榮格來說，「對立面是所有心靈生活根深柢固且不可或缺的前提」（Jung, 1955, para, 206），他將他的心靈能量理論立基於黑格爾（Hegel）的正反命題、以及牛頓的運動法則。二元對立展現了榮格對於「是什麼讓心理學真理具有意義」的想法，而他對心靈問題的取向，也強調對於矛盾情境不一致之間所蘊藏能量的尊敬：

　　矛盾的悖論是我們最珍貴的精神財產之一，千篇一律的意義才是軟弱的象徵。因此當一個宗教喪失了矛盾悖論、或者將其沖淡時，就會從內在變得貧乏起來。矛盾的增加能豐富宗教本身，因為唯有從各處而來的矛盾才貼近對於完整生命的領會。若沒有模稜兩可、沒有矛盾、只有單一面向，則不足以表達這些令人費解的高深莫測。

（Jung, 1953）

　　就這樣，榮格賦予了矛盾知識論特別的地位，並且使用模稜兩可的語言來表達這種心理經驗的二元特質，包括在意識層面上可說明的性質、以及同樣有力的潛意識層面的相異性質（alterity）（Stephenson, 2009）。

榮格的原型概念，奠基在「原型被定義爲是可知的、同時也是未知的」這個假設上。它們在理論上相應於當代認知科學家對於「基礎意象基模」（foundational image schemas）的定義，那是存在於心中的，具有潛力、有組織的認知思考模式（Shore,1996, p. 312）。當原型在意識層面以意象顯現，原型必然被縮減爲狹隘的象徵，只是在時間與空間中被一群群組織起來的小環節。榮格描述原型在心靈經驗的當下，受意識範圍所侷限而被分裂或切割，以意象具體的方式兩極化，變成彼此對抗的原型群組，就像是精神與物質（Spirit and Matter）、少年與老者（Puer and Senex）、也像是厄洛斯和安特洛斯（von Franz, 1977, p.104）。

意識與潛意識兩者間關係的品質，對於接下來將會在榮格有關對立面的現象學中發生什麼，影響甚鉅。自我（ego）作爲心靈的一個層面——因爲情結（complex）最常與意識層面有所聯繫——而使得自我傾向於具備獨特、單一面向的品質。當兩個原型意象、以及兩者間兩極化的緊張關係被呈現在自我之前，自我會憎惡這種模糊不定，而只認同於其中一個形象。因爲自我認同於有光照亮的那一面，所以自我將光明與良善歸結到吸引他的那端。集體意識一次又一次以心理學語彙展現這條法則：社會或文化意識只認同於經驗的某一面向，將其他面向放逐到潛意識、驅逐到意識之牆以外，並將之視爲黑暗低劣的。結果，意識與潛意識、社群與圈外人的關係性質，非常深遠地影響著這一對原型意象，是被體驗成彼此互補，或是相互衝突。一個衰弱的社會或國家，更傾向於在圈外人或外來族群接近時，朝外板起反對的臉孔、然後得到迫在眉睫的威脅感受。同樣地，負面或正面性質會被歸因到原型意象，有賴於意識與原型

意象相遇時的情緒態度。

意識層面越是只認同於單一端點、拒絕另一個對立面，就會變得越和此原型配對背後的動力關係、或說是原型的心靈能量失去聯繫。這和安特洛斯神話當中，一開始阿芙洛蒂忒在她兒子厄洛斯身上看到的問題相符：恆久不變、缺乏能量、無法成長。泰美斯就像個有智慧的精神科醫師，藉由引入另一個對立磁極來處理這個問題：天生勢不兩立的手足競爭。這兄弟兩極既是一體，關係密切同時又相互衝突，原型強勁的能量得以再次重申自我；但唯有意識層面能以某種方式將另一極抬昇到陰影之外，否則這股能量會消逸無蹤。要維持意識層面和受壓抑的潛意識元素之間防衛性的分裂，則會損耗掉大量的能量。

在與另一方相遇時，自我意識可能無法繼續堅持只有他曾認定的，才是光明或良善的觀點（反之亦然）。這種態度的轉變，開啓了四種可能性，而非兩種。精神與物質、少年與老者，厄洛斯和安特洛斯：每組配對的每一端點都可以被加乘，同時重新被評估是正面還負面的。同樣的，文藝復興時期的畫家卡拉瓦喬在〈得勝的邱比特〉畫作之中，對厄洛斯陰影力量的頌揚，也是對於被集體所妖魔化的性愛的公正補償。不過卡拉瓦喬的衝動，也可以被解讀為只是反應的以及單面向的，正如他的敵手，繪製〈神聖與世俗的愛〉的巴約尼一樣。可能這就是索杜瑪和尼佛所直覺感應到的問題，因此他們將兩極事物加倍、創造出兩位厄洛斯和兩位安特洛斯，藉此欲平衡社會只看到兩者之一的傾向。在這樣的背景脈絡之下，**索杜瑪**在圓形畫面的圖像中表現出一種變異的渴求——四倍的觀點——對於厄洛斯和安特洛斯所對抗纏鬥的那處競技場來說，這或許會開

始徹底改變其本質。[3]

　　若一種原型的動力關係是以相互對抗的兄弟來呈現，在文本上當然就具有謀殺版本的可能性，像是該隱和亞伯的故事（雖然根據涅爾瓦的版本，對該隱和亞伯兩人來說，問題比較不是手足競爭而是反抗暴君耶和華）[4]。但是厄洛斯和安特洛斯神話的經典畫面，並非謀殺，而是具有競爭感的神聖遊戲，與鮑薩尼阿斯在依利斯所拜訪的露天體育館，以及相連的競技學校有所聯結[5]。對於榮格稱之為「動態關係」（dynamic）的這個心理天性的重要頓悟，就停駐安特洛斯神話的中心。在此神話的古雅典版本當中，厄洛斯和安特洛斯的關係被描寫成「彼此纏鬥」，這對兄弟共享著既是夥伴、又是敵手的狀態。為了闡述意識和潛意識之間的健康動力，榮格也援引搏鬥的意象來說明，潛意識不僅是反對著意識心靈，更以身為對手或夥伴的方式而改變對方：

　　意識和潛意識其中一方受到另一方壓抑或傷害時，就無法成為一個整體。如果它們必須彼此競爭，就讓這至少應是場公平的比試，讓雙方擁有相同權力。兩者都是生命的面向，意識層面應當防衛其理智、保護自己，而潛意識的混亂生活也應該要有機會能隨心所欲——在我們可以承受的最高限度之下。這表示，同時對衝突和合作這兩件事開放。也就是說，這顯然才是人類生活該有的樣子。這是鐵鏈與鐵砧的老把戲：在他們之間，耐受的鐵料被錘鍊成堅不

3　可參見本書第二章。
4　可參見本書第四章。
5　可參見本書第一章。

可摧的整體，一個「個體」（individual）。籠統說來，這是我所謂的個體化（individuation）歷程的意義。如同名字所示，這是起因於兩個基本心靈事實之間的衝突，所導致的發展歷程或進展方向。

（Jung, 1941）

對於榮格來說，包括他稱之為「個體化」在內的各種心理歷程，都反映於意識和潛意識纏鬥的意象之中。如果對立雙方所引發的張力可以被維持得夠久，意識層面在某些時刻戰勝，而潛意識在其他時候主導，那麼原型會以新的樣貌呈現、形成一個超越的符號；使人經驗到此一超越的符號並非只由意識所建構，而是整體人格所錘鍊而得的。這些新的直覺觀點在特定的時間或地點，為這個原型體驗提供可能的最佳構想。它們經常不是只和那些談論它們的人交談，也對它們所參與其中的集體喊話。對於意識——榮格所說的「道德要求」——的挑戰，是要找到怎樣才能與這些新的意象、情感、能量，還有主導它們的未知事物——原型、神、矛盾情境——聯繫起來的最好方法。

在許多對於安特洛斯神話的描寫中，都呈現這對兄弟爭搶著棕櫚樹枝。如我們之前所見，希臘花瓶的繪畫裡，在淺髮色厄洛斯以及深髮色安特洛斯的張力之中，十片葉子的棕櫚樹枝伸展開來（見圖 1.4）。在龐貝的濕壁畫裡，茂盛的樹發源自兩位維納斯和她們各自的兒子所組成的四位一體當中（見圖 2.3）。吉伯特雅緻地置於年輕女子手中的現代主義小雕像上，安特洛斯若有所思拿著他才剛從哥哥那搶來的銀色棕櫚枝（見圖 5.2）。在義大利波隆那派畫家卡米洛・普羅卡奇尼（Camillo Procaccini） 出色的厄洛斯和安特洛斯肖

像畫（Eros e Anteros）中，棕櫚枝在這對兄弟緊握、拉扯的四隻手之間爆發出來，就像綠色火焰般不停甩動。

棕櫚樹是勝利女神尼姬（Nike）的聖物。皮西安競技會（Pythian Games）[6]的贏家可以得到棕櫚枝，後來由雅典人所籌組的泛雅典競賽（Panathenaic Games）[7]贏家也是如此。棕櫚樹既是體育也是精神勝利的象徵。這些意義可能很自然地被附加在棕櫚樹上，因為棕櫚樹是能夠自我重生的樹，不會所有葉子一次凋謝殆盡，並且直到枯死之前都會持續結出果實來。在希臘的口述傳說中，棕櫚樹也和鳳凰有關，鳳凰在棕櫚樹上出生，並且再生。棕櫚葉片也可被用作為書寫表面，因此也被認為是文字與交易之神赫密士（Hermes）的聖物。

因此兩兄弟所扭打搶奪的，是一個代表著勝利、富饒、永生與重生，以及關係聯結的象徵。棕櫚樹的象徵，轉而超越或橋接起兩者之間永不止息的戰鬥，即便它也為他們的爭鬥賦予了意境感受和生動目標。棕櫚樹作為煉金術般的第三者，成了厄洛斯和安特洛斯之間張力統合的縮影，榮格將這樣的統合視為超越功能和自性（the Self）[8]意象的顯現，「是從自然天性作用而來的，是一種遠離所有意識動機的自然象徵」。

榮格從未在他的作品集當中提起安特洛斯的神話。詹姆士・希爾曼（James Hillman）和茉莉（Molly Tuby）以及其他榮格學派的評論者，跟隨柏拉圖在《斐德羅篇》（*Phaedrus*）中的帶領，分別將

6　古希臘人祭獻太陽神阿波羅(Apollo)的競技會，始於西元前 582 年，持續舉行至西元五世紀初。
7　始於西元前 566 年，持續舉行至西元三世紀。
8　在榮格的理論架構當中，大寫 Self 翻譯為自性，指整體心靈的核心。

圖 8.2　太陽與月亮（Sol and Luna），《哲學家的玫瑰園圖》第四圖，
　　　　1550 年。
資料來源：伐地亞那圖書館，聖加倫。

「安特洛斯」（anteros）以心理層面的意義，翻譯爲「關係中的互
惠與交換」（relational mutuality and exchange），以及「回應答覆的
愛」（answering love）（Hillman, 1972, p.89; 1975, pp.49-61; Tuby,
1992, p.15）。這些觀點幾乎立刻消除神話當中的動態緊張關係。如
何使用詮釋，才能同時保有寶貴的張力關係中的某些事物？如何與
「回報的愛」（loving-in-return）的概念達成一致？這個概念與交相

互惠和理性行為有關，並有著安特洛斯所積澱下來的形象——縱身一躍的自殺、正面對抗、脆弱的綠意與空洞、被蒙著眼與燃燒的柴堆、破產又被放逐、擲向天堂的標槍，與圖謀報復而埋在土中的龍牙。

　　在榮格煉金術文獻和煉金術語言的調查當中，他發現性的相對（contra-sexual）意象呼應了他認為個體化是複雜對立面結合的理

圖 8.3　玩棍子遊戲的愛神，花瓶。
©版權為慕尼黑國家古代雕塑展覽館所有（Copyright © Staatliche Antikensammlungen und Glyptothek München / photo: Renate Kühling）

論。他引用《哲學家的玫瑰園》（*Rosarium Philosophorum*）[9] 書中，一系列十幅婚姻煉金術的插圖意境，來代表個體化的艱鉅歷程。（他也使用這些圖例指出，在心理分析當中移情—反移情的困難張力關係。）太陽和月亮經歷一段具有轉化力量的婚姻，他們天生的對立面在婚姻關係中被忍受並且被超越。這系列圖畫中的一幅（圖8.3）描繪這對伴侶彼此面對面坐著。他們對立面的超越向度，經由他們手上拿著的兩根樹枝，加上鴿子口中如天啓降臨般的第三根樹枝，與這兩根樹枝交叉的合體所呈現出來。最後榮格強調，在玫瑰園的意境圖畫表徵之中，主導煉金術過程的基本原則是情愛厄洛斯：「我們必須強調，最重要的是這描繪出人類的相遇，而愛在其中扮演決定性的角色」（Jung, 1946, para. 419）。

　　煉金術文獻也包含對於相同面整合（Union of Sames）的明確引用，若有這些證據，對厄洛斯和安特洛斯兄弟的這類確認會更為恰當。不過遺憾的是，榮格並未研讀到這些。在《移情心理學》（*The Psychology of the Transference*, 1946）著作中的一則註腳裡，他將煉金術文獻的相同面整合放入發展基模的構想之中，視之為是對立面結合的前一階段：「『相似與相似』之間以同性關係的方式結合，可以從《阿理絲賴的幻視》（*Visio Arislei*）[10] 一書當中找到……並且標示出兄弟—姊妹亂倫的先前階段。」榮格的觀察若只是將「合體」與性關係混為一談，將「同性亂倫」侷限在必然先於「異性亂倫」的發展基模，是很不恰當的。在同一篇文章的前段部分，他承認《哲

9　十六世紀煉金術著書，其中共有十幅木刻版畫。

10　此作品為拜占庭時期煉金術師 Arisleus（或為 Archelaos）的著名敘述文本，此文本當中引用最古老的煉金術文獻之一，十世紀時的伊斯蘭著作《哲學家的修道院》（Turba Philosophorum）。

學家的玫瑰園》書中所描述的合體（coniunctio）只是意象聯結的一種方式：「我所考慮的不是所謂同性形式，像是父親與兒子、母親與女兒在《阿理絲賴的幻視》文中所影射的那些。」（Jung, 1946, para.419）

榮格分析師傅雷霍林（C.T. Frey-Wehrlin）指出，榮格心理學對於相同面結合的想像存在著一致、龐大抗拒的證據，有點像在古典希臘文本當中，對於與希臘男性英雄伴侶相關的禁忌。傅雷霍林對榮格的小註腳提出疑問：「有沒有可能，除了煉金術師與榮格心中如此珍視的對立面合體之外，也可能存在同樣具有創造力的相似面合體（coninuctio of likes）？」（Frey-Wehrlin, 1992, p.180）。

希臘陶罐上的厄洛斯和安特洛斯圖案，可能給了傅雷霍林的問題一個肯定答覆：相似面合體一樣具有創造力。在《哲學家的玫瑰園》中，有許多與此意象相似的兄弟—姊妹的配對，榮格對此提出他充滿洞見的心理學評論（圖8.4）。在這個希臘圖像中，厄洛斯與安特洛斯就像太陽與月亮，帶著創造力互相對抗：他們身處於一場遊戲之中。這位希臘藝術家，將這兩位有著雙翼的兄弟，描繪為互相連接的。他們的腳穩穩放在地上、碰觸彼此的腳。他們面對面坐著、眼神相望，一隻手比著手勢彼此對抗，可能是透過手指所呈現的數字或姿勢來制衡對手。如同在《哲學家的玫瑰園》中的圖像，他們另外一手所拿的木棍代表了他們關係的超越面向。我們並不知道這支棍子是否特別指涉棕櫚樹枝的象徵，不過這節木頭明顯以共享、具有創造性的努力串連起這兩位兄弟。在此所刻畫的不僅是兩方拉鋸，更像是場遊戲。

在另篇一文章當中，榮格提到這種具有創造力的相似面結合，

就存在於正統基督教與其煉金術兄弟兩者互補的親屬關係當中：

> 兒子類型並未從潛意識的地府深處召喚女兒作為互補意象——他所召喚的是另一位兒子……並不是基督的對立面，而是他在地府對應的另一半，不是一位神聖的人類，而是與原初母親本質相符的絕妙存在。就如同人的救贖一樣，這是「上層世界」那位兒子任務的縮影，因此「下層世界」那位兒子具有「整體救世主」（salvator macrocosmi）的功能。

> （Jung, 1953）。

　　榮格在此描寫靈性化的「上層」兒子基督，祂救贖並令墮落的個人靈魂與天父和解。他隨後說明基督教義如何在煉金術中找到互補，也就是第二位兒子的化身。煉金術的實踐，對於基督教義來說是猶如手足般的實踐，是與原初母親的結盟，而不是與天上的父。煉金術所救贖的是受困在宏觀世界墮落物質當中的靈魂——也就是說，個人所居住的自然世界是微觀世界。對榮格而言，基督教義和煉金術並非背道而馳，他們就像兩兄弟——而不是兄弟與姊妹。基督教義和煉金術彼此對抗，是天上屬靈的兒子與地底陰府的兒子互相抗衡，以互補方式運作，一同共事於靈魂得救的目的。

　　傅雷霍林將他「相同面整合」的工作，穩固地設定在父與子的垂直軸度、階層化的意象當中。在他那男子氣概的「相同面合體」中，他刻劃了殺戮形象來表達動力關係：父親吞噬兒子、兒子謀殺父親。或許因為世代主軸、以及權力優先於愛情的想法，傅雷霍林在這種背景下描述「殺戮」的原型動態關係，幾乎無可避免。舉例

來說，他深具說服力地記錄下了精神分析／榮格學派的歷史當中，權威父親謀殺他們兒子的遺跡（佛洛伊德砍下他繼位皇子榮格的頭；榮格斷絕他與弟子梅爾 [C.A.Meier] 的關係，梅爾也對他所訓練的分析師、最終成為同事的傅雷霍林這麼做）。為了阻止這種具有破壞力的遺產，並且改變這個領域，傅雷霍林試圖將極端對立面從相反可能性之下的陰影中抽取出來：他尋求更多於外在人際世界，以及分析的移情與反移情關係當中，都可以忍受被兒子以隱喻方式處死的父親。

詹姆士・希爾曼在他的分析心理學之中，將相同面結合從榮格的發展與性慾角度的詮釋當中釋放出來，不過就如同傅雷霍林，希爾曼將此置放在垂直的權力軸度上：「對立面的結合——男性與女性——並不是我們所唯一渴望的聯合，也不是能拯救我們的唯一聯合。還有相同面的聯合、垂直軸度上的重新聯合，可以療癒分裂的靈魂」（Hillman, 1979）。希爾曼以亞當與神的靈性重聚，來表徵「相同面結合」的特性。這種切割，被體驗為自我意識與自性之間的分裂，表達了個體化的內在心靈歷程中，核心的渴望與匱乏。遺憾的是，希爾曼將他對於相同面聯合的探索只限制在這個垂直軸度上。在區分厄洛斯的類型時，他將此種對於垂直軸度上永遠對稱的他者之情慾渴求，命名為「波索斯」（Pothos，晚期腓尼基文化中的慾望之神），既存在於上層基督教世界觀、也在下層浪漫主義世界觀當中（Hillman, 1975）。

對分析心理學而言，幸運的是，榮格曾經對於人際關係當中以安特洛斯為典型的謎團說過幾句話。他寫道：「孤立的人類缺乏整體圓滿性，因為只有透過靈魂，人才能達到整體圓滿。靈魂無法在

缺乏另一面時存在，而靈魂的另一面總是在『你』當中找到」（Jung, 1946）。在這句話中，榮格指出了類似於當初梅萊斯和提馬戈拉斯的安特洛斯故事的份量與意義。我認為，所幸榮格心理學將希爾曼稱為「波索斯」的事物置於如此重要的地位，讓心理上所經驗的人際要素，有時候可以只為了造福內在心靈而存在。榮格學派心理治療的問題，即容易讓對立面內在聯姻的協調，優先於外顯現實生活中與愛人的結合（不提移情—反移情關係），這種不均衡作用在各種考量下都是有損害的。不過，至少在此榮格藉由承認對於「你」的根本需求，對於一位在關係前進後退的水平軸度上發生人際互動的他者，以及對於回應之愛的需求，調整了他的個人方程式以及內向直覺偏誤。希爾曼也修正過這一點，他寫道，「反思可能帶來意識，但是愛情能帶來靈魂」（Hillman, 1972）。榮格學者皮爾‧霍特伯格（Peer Hultberg）受到拉岡的影響更多於榮格，他將此稱為不與性特定相關的他者（non-sex-specific Other）之原型——「經驗到另一個人類是生理、社會與道德因素的體驗」。霍特伯格發現，這種原型在榮格學派對於厄洛斯的構想中經常是不見蹤影的（Hultberg, 1986）。

內在心靈的合體、以及人際伴侶的配對都有他們的超越面向，合體與配對被想像成是具有創造力的第三者，這是榮格學派的老生常談。伴侶諮商經常談到，所謂做出有效決定，並不只是達到伴侶關係中兩個人的標準，也要達到他們的配對關係這位關鍵第三者的標準。在《哲學家的玫瑰園》書中的插畫，銜著樹枝的鴿子代表了這種正向超越的第三者。不過我們應當再次注意，超越要素會如何威脅伴侶的動力關係：超越功能中和並調節了相對兩極的潛在能

量、削弱了原型的神聖品質。在安特洛斯神話中，則以泰美斯對於能量系統本質的見解來處理此一問題作為回應。

　　榮格分析師奧德馬特（Martin Odermatt, 2002）也談到這個問題，他在伴侶工作中，從伴侶關係陰影的重要角色看見了此問題的潛力。他所指的並不只是兩人各自潛意識的陰影面向，也是這對伴侶之間的化學反應所聚合出的陰影面向。奧德馬特以兩幅圖解來呈現這種可能性（圖8.4）。在第一個圖示中，重疊的兩個三角代表兩個個體，淺灰色的重疊部分代表所有他們具有創造力的相會之處。外部的深灰色區域則代表他們在關係中沒有交集之處；這是他們沒能共享的好處，是感到與對方失去連結的經驗，也是伴侶並未看見或得知的需求。第二個圖示，表現出這兩個個體和他們的關係隨著時間演進，兩個三角形的面積現在更大、也重疊更多。更多淺灰色區域代表他們在意識層面上所有一起成長的部分，不過即便他們作為個人或伴侶在心理上皆有所成長；外部深灰色空間面積的增大，顯示出他們沒有交集之處也一併擴大了。

　　借用奧德馬特的圖示模型，我認為在人際場域中，兩人生活

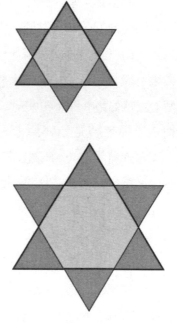

圖8.4　馬丁・奧德馬特，伴侶關係的動態當中光明與陰影同時增加的圖示。
資料來源：作者個人收藏。

聯結之處的淺灰色區域屬於厄洛斯；而深灰色區域則屬於安特洛斯。在圖例之中，安特洛斯不只是交相互惠、或回應的愛。雖然對於暗色的安特洛斯區域如果有所覺察，可能會損害關係，不過並不必然如此。這可能反而會具有獲得伴侶關係重要關鍵，和加強其動力關係的潛能。我說「如果有所覺察」，是因爲要是沒意識到這對伴侶所聚合出的這些安特洛斯區域，更可能讓任一對配偶一直以來的危險平衡趨於混亂失序。不過當相異之處被充分地容忍、承受下來時，或許安特洛斯兼具互惠和反對的立場，就能對於強化厄洛斯有所貢獻，如同泰美斯所預言的那樣。

詩人喬瑟夫·布羅斯基（Joseph Brodsky）[11] 在他的詩作〈六年以後〉，精準地以奧德馬特的榮格方程式，包括其超越特質和陰影面，充滿意境地描寫出愛情關係的長久：

六年以後

這麼久以來都生活在一起，現在

元月二日又再次降臨

於星期二，讓她訝異的眉毛

揚起如同雨中的擋風玻璃刷

　　掃除她迷霧般的憂傷，透露

　　晴朗無雲的遠景在路上等候

11　喬瑟夫·布羅斯基（Joseph Brodsky, 1940-1996），美籍蘇聯詩人。

這麼久以來都生活在一起，曾經

白雪開始落下，似乎永無止盡；

惟恐雪花讓她的雙眼疼痛瑟起，

我以手掌掩護它們，然而它們佯裝著

　　不願相信對雙眼的珍愛憐惜

　　而拍擊著我的掌心猶如蝶群

所有新奇事物都已變得這麼格格不入

睡眠的糾纏會自嘆不如

無論分析師能刺探到哪種深度；

當我的雙唇吹滅燭火

　　她的雙唇正從我肩膀飛掠過來，尋求

　　與我的會合，不做他想。

這麼久以來都生活在一起，所有

貼在牆上的破爛玫瑰都掉落了

整片樺樹林在那面牆上生長，

我們偶然之間，有了錢，

　　在海上如舌頭般，過了三十天，

　　夕陽以燃燒的火光威脅土耳其。

這麼久以來都生活在一起，沒有

書本、椅子、廚具——只有那張老舊的床，

那個三角，在現身之前，

曾經是垂直的，那頭顱

　　屬於某位熟人，盤旋在上方

　　在愛所匯合的兩點之上。

這麼久以來都生活在一起，她

和我，與我們共同的影子，譜寫出

一扇雙面門，這門即使在我們

迷失於工作和睡眠中，也總是緊閉：

　　不知怎麼，它會出現，我們無意間進入

　　穿過它，走向未來、遁入夜色之中。

（Brodsky, 1968）

　　厄洛斯和安特洛斯的棕櫚樹枝，呼應了超越存在時的三角狀態，布羅斯基將之視為由兩個愛人所匯聚，並在他們床上盤旋的熟人。同樣重要的是，布羅斯基憑直覺知曉那扇由兩位愛人陰影聯合而成的黑暗雙面門。根據奧德馬特所言，這道雙面門就像分裂孤立的心靈空間，它也與愛人們致力合為一體的淺色區域呈等比例的成長。棕櫚樹的超越象徵和布羅斯基暗色雙面門之間的對立，厄洛斯和安特洛斯關係之間的矛盾，推動著布羅斯基的愛人們邁向未來、邁向夜色之中。

　　相近地，榮格觀點詮釋道，一對伴侶同時因為他們的超越和陰影經驗而移動。關係的成長，還有愛人在時間推移之中的同步行動，是由看似緊閉、又看似彼此聯結的那扇黑色雙面門，也就是床上方的超越第三者所供給餵養。如同布羅斯基的隱喻，榮格理論也

強調，厄洛斯和安特洛斯的搏鬥所表現出的生動的神祕莫測、以及所誘發的匱乏感，這兩者都是與人產生聯結的經驗當中固有的部分。

圖 9.1　厄洛斯與安特洛斯，比利時布魯日。

照片來源：作者個人收藏。

諮商室裡的三個安特洛斯時刻

人類要不是愛上某人或某事物，

要不就是生起病來。

————威斯坦休奧登（W.H. Auden），

〈短詩〉[1]

1　1973 年奧登於睡夢中辭世，其未出版作品於身後集結成《謝謝你，霧：最後的詩作》（*Thank you Fog*）一冊，此詩集中包含一些三到四行的短詩，此詩作爲其中之一（'Shorts', p.352.）。

自古以來，在各種情境當中，基於我們目前還不清楚的原因，累積起來的人類經驗被轉譯成爲故事傳說。這些故事所傳遞的，除了個人閱歷，也包含人類共有的領悟、甚至於智慧。超過兩千五百年，藝術家與思想家在不同文化背景中撿拾起安特洛斯的故事，然後將之遺忘放下，然後又重新發現它。

　　以下是我開業的三則臨床案例，在過程中，安特洛斯從未被清楚指名，不過因爲我對這則神話的熟稔形塑了我的反移情經驗，而促成更多意義深遠、但當初卻有可能被忽視的特殊進展。這些臨床重要性有可能潛入潛意識當中，而危害這三位被分析的個案。這本書見證了數個世紀以來的經驗累積，那些經驗構成並滲入了安特洛斯神話；不過此刻，神話以相反的方向回歸到個人身上，照亮這三人的生活當中微小、晦暗不明的時刻。

〈案例一〉

　　我稱這位個案爲安德烈，在他開始接受分析時，他說我們倆只有一年的時間可以一起工作。他正年當五十，決定從社區大學的教學崗位上輪休一年，以便完成在宗教研究所的碩士學位，同時接受分析。

　　一連串的夢，促使安德烈仔細檢視在大部分成人生活中，他因爲實踐家族相傳的嚴謹基督宗教價值觀所導致的結果。他的夢境經常是雪中的修道院或者靈修場所，到處充滿主祭執事和主教們，還以中世紀風格的靈性階級和教父權威的裝飾佈置著。

　　在他年休早期的一個夢境裡，安德烈發現自己回到青少年時期的教堂大廳。那是星期天，再次呈現出獻祭的入教儀式，他認爲那

是場男子氣概的啓蒙：

「我正身處於有著一座高台的大廳。一位年輕人幾近赤裸、只穿件汗衫，懸掛在繩子上，正準備從這個高台向外擺盪進入大廳。另一條繩索被繫在他陰囊的一束毛髮上。他縱身一躍，下方的繩索跟著拉扯，他的陰毛便掉落在本來就已經有其他幾撮毛的地面上。然後輪到我跳。這個過程沒有弄傷我。明天（星期一）有場會議，我會被任命為一或兩種教會聖職人員，我可能成為一位小修道院院長，以及另一職務。」

心靈有犯下相同錯誤的傾向，直到能因爲態度的轉變而修正過來。在此，五十歲的安德烈當眾重溫了如同年輕人入教、進入不同未知生命階段的擺盪。一條繩索從上方拉著他，另一條繩索則從下方扯著他。地上的幾撮陰毛，似乎俐落地處理掉了他所獻祭的性慾，爲了靈性成長而被攫取。夢中的儀式行爲，明顯地需要體力與勇氣；五十歲的安德烈在他輪休這年尋求改變，不過夢境卻描繪他演繹著舊有模式，爲了成長而將本能直覺的生活連根拔起，以成爲在精神層面上具有權威的「修道院長」。諷刺的是他要成爲一位修道院長（a priori），在英文字面上，也是「在此之前先發生的事件」（what came before）：一位無毛的處男，沒辦法成長的愛神。

安德烈的夢，使人回想起圭多雷尼在〈神聖之愛與世俗之愛〉畫作當中的傾斜動力關係（見第二章，圖 2.2）。爲了索求靈性進展，這是由從高台公開擺盪所象徵；安德烈緊握著一種態度方針，由上方懸掛的繩索所象徵。他認同於那位被復甦的安特洛斯，切斷

了自己與基督宗教價值觀所妖魔化、斥之爲原始情慾生活的所有聯結。在個體化心理歷程的一篇文章當中，榮格曾經警告「利用從潛意識分析所得的靈性發展機會，作爲逃避人類深切責任的藉口」的這種危機（榮格，CW16, para. 454）。顯然安德烈在我們的工作中正傾向那樣做。

對於夢境記錄上的日程表和滿滿內容，儘管安德烈急於匆匆帶過，我們還是開始減緩工作的速度。我們在每段會談中尋求合適的節奏，讓安德烈有足夠的空間去承認夢境中的疼痛，並將這種痛連結到他在失敗的婚姻裡視爲「日常俗務」之事以及近期他對新伴侶的性無能上。從情結內部來看，安德烈確信整個獻祭都沒有造成痛苦；不過從畫面上來看，這一定非常痛才是。我們在會談中放慢腳步，開始傾聽他生命苦楚背後的痛。

隨後，在如同地獄酷刑（往上拉又往下扯）般繫住這男人的兩條繩索之間，試著建立起足夠的張力變得重要起來，某些新事物將從中升起。某些「使本能變得神聖」的眞正獻祭體驗，有可能抵抗純粹殘忍的傾向，並與之脫鉤嗎？所有這些工作，都與安德烈的自我想向前邁進的渴望相衝突，不過嶄新的態度或立場是否有誕生的機會，端賴於維持住上方的靈性安特洛斯與下方的陰影厄洛斯所拉鋸出的張力關係。

六個月之後，安德烈夢到另一個啓蒙場景：

「那裡有座體育館或者運動場，我人在那裡。有兩個設備，我不記得第一個是什麼，第二個我知道。它們都屬於挑戰的項目、設有獎項。我自願參加，每次會有兩位志願者。另一位志願者會使用

另一個設備，我要嘗試的設備是個在舞台上的標靶。有段鐵絲凸起，你必須抓著它，這段鐵絲連接著一個帶電的物體。也有一些鐵絲垂掛著。從靶子的黑色中心所拉出的鐵絲越長，你能得到的獎項就越大。另一個小伙子似乎已試過這項設備，他說電壓太強了。我試著觸碰發電機來降低電壓。這行不通，所以我稍微從側邊靠近。有位年輕小伙子幫我摘來一截樹枝可以拿著。當我將垂掛的鐵絲用樹枝推到旁邊，我感覺到一陣刺痛。我靠近那個我必須要推開的靶子。突然之間，一頭高大偏瘦、黑棕色的狗，從左邊的暗處跑到明亮的燈下，將嘴含在我手臂上。」

安德烈的夢境自我，在此依然不顧痛苦、熱衷於集體目標和個人提昇，就像在之前那個夢裡一樣。這次，場景比較不那麼明顯地具有宗教意味：比試的競爭意味被更強調出來，場景就在運動場上。鐵絲是壞掉的電力迴路，他被要求的任務，有可能是在物理上重新聯結起迴路，那麼靈性層面和自然層面的能量就可以流動。不過，這場景是傾斜的：這兩極只有一端被當成目標，另一端卻垂吊下來，就像是只有部分獲得承認。在之前的夢境中，我們已看出安德烈的夢中自我被驅策要專注在靈性獎賞上的程度，以及能在公眾場合展現精神上的男子氣概是多麼引誘他（舉例來說，獲得宗教研究的碩士學位），還有他多麼地憤怒怨恨、想避免另一端「情慾」的「糾纏」。不過現在，一個張力關係出現了，由三位與他目標相反的助手關鍵性地現身所構成。「另一位小伙子」警告他電壓太高，接著「年輕的小伙子」提供他樹枝、將他的手與懸掛的電線隔離，最後看來友善的「黑狗」，將他從標靶那邊拉了回來。

安德烈的夢，讓我想起在布魯日花園裡一座厄洛斯和安特洛斯的雕像（圖 9.1）。他們並不是典型地面對面搶奪棕櫚樹枝，而是一位兄弟踏步向前，另一位將他拉住。在安德烈的夢裡，陰影下的厄洛斯抵抗著被復甦的靈性安特洛斯，因此避免了單一方向、自我毀滅式的勝利結局。黑狗是安德烈所放逐的本能（他感覺沉悶緩慢），牠跳到光線下，挽回安德烈過於認同於精神層面、輕易受到濫用靈性化來獲得權力的需求所誘惑的那個自我。對於安德烈而言，只有抵達夢境的此刻，當他體驗到黑狗的重量之後，厄洛斯與安特洛斯動力關係中的能量禮物，才開始在他生命中湧現。他發現這位忠心耿耿的陪伴者糾纏著他，並感受到自己向外伸出的手臂被牠用嘴含著，以充滿愛的方式拉了回來。

〈案例二〉

在和我稱之為凱斯的四十歲男性進行心理分析之初，我原以為要與他建立起治療同盟的關係不會太困難；因為我們雙方都以教學為業、都演奏樂器、都是家中較年幼的手足。然而從分析一開始，最引起我們注意的就是與彼此分離的感受。

這種分離感與凱斯的父親關連甚鉅，他父親的憂鬱就像個黑洞一樣吞沒了整個家庭。凱斯認為，他父親必須對母親的焦慮和逝世負責，也應該對他和其他手足之間的疏離關係負責，以及對於他的失眠、他在世界上失去了家的熟悉感，也責無旁貸。這樣的遺產在夢中被以畫面呈現出來，在夢裡，他去世的父親開車送他，前往一台廢棄、窗戶被敲碎、沒家具也沒家人的露營車。

令凱斯恐懼的是，他經常參加週末的男性工作坊和靜修，以尋

被遺忘的愛神：神話、藝術、心理分析中的安特洛斯 |

求歸屬感的正面經驗，卻發現自己經常不理性地感到憤怒——就像他父親那樣——因為規劃不良、有參加者缺席、對活動挑剔、以及自己如此貧困而感到失望。如同父親，他經常一次又一次地想要測試友誼關係，然後和那些沒有立刻回應卡片或電話留言的人斷絕往來。

從分析的第五個月開始，有一個新的夢，帶著他父親心理狀態的濃厚色彩。凱斯的夢境自我，從演奏廳下方的黑暗迷宮上升到觀眾席，發現已經是中場階段，他錯過了前半場的鋼琴獨奏。他想要走出會場、生氣地把票丟掉，並且放棄下半場的表演。當凱斯在分析中漸漸從他自己的「黑暗迷宮」現身時，我們必須涵容他因為前半生所遭遇的失落而產生的憤怒，同時抵制他未經深思、就想丟掉人生下半場禮物的傾向。

在很長一段時間裡，還有另一段關係的故事如同烏雲罩頂般，在諮商室籠罩著我們，因為凱斯除了透露這段關係存在，尚未準備好處理更多。凱斯是在知道這個男人罹患末期疾病的情況下，開始這段關係的。這是他人生當中最重要、也最具意義的親密關係；他們在一起五年，凱斯在這位伴侶死後保持單身。在分析期間有三次如浪潮般的週期，他陷入險境，幾乎將「丟掉門票」的衝動付諸行動。我們努力地在判別以及涵容這樣的死亡願望。這不僅是得自他死去雙親的憂鬱遺產，也是想與他逝去伴侶重新聯結的情慾渴望。

他母親的焦慮感和他父親的批判語調，為我與他互動的場景蒙上了一層色彩。在我們治療會談期間，我經常糾結於自己的詮釋千篇一律、過於表淺的這種感受；我所插上的話不如過去充滿同理心；我缺乏對音樂、文化、以及同性戀受壓迫的相關知識；這十個

月來的工作進展很少。我必須提醒自己，這種敵意可能反映出凱斯痛苦不堪的內在心靈狀態，他在這種狀態下傾向壓制和貶抑自己的心靈生活。矛盾的是，讓凱斯和我在移情與反移情關係中最能產生聯結的，正是這些彼此分離的感受。

致力於停留在這種分離感當中，我經常在想，我是否能夠察覺出在某處有顆心靈聯繫的種子；在這些敵意裡，我可以不止於本能地知道分離感的存在，也進一步感受到我稱之為「安特洛斯的（anterotic）」那層可能關係嗎？我採用安特洛斯神話所諭知的心理治療位置，並非取其拉丁文「相反（anti）」的語意，而是希臘文的「回應（ant）」之意。我一度試著引入音樂的隱喻，作為討論我們互動關係的方法：我們的分析會談，如果是在鍵盤上的二重奏，聽起來會是如何？我在督導會談時與另一位同事試用過這種隱喻方式，他具體指明了他能聽見的聲音，並以手肘將所有不和諧的曲調，在想像的鍵盤上敲擊出來。因此感覺起來，這種音樂意象比我帶進談話中的天真樂觀——當我傾身向前、期待即興創作的片刻，我們碰巧協調一致、同步化的可能——還更有用。然而凱斯卻直截了當地拒絕這種音樂隱喻，他說：「我不玩鋼琴的四手聯彈。」

很明顯地，我必須公正地說，凱斯認為我不該想像和他一起坐在鋼琴前面。他需要我坐在分析權威的高位、向下俯視，以足夠疏遠的距離進行觀察（可能更像是音樂老師或考試官，而非一位搭檔）。我自己也感覺到這種需要，彷彿我唯有從高處才能找到客觀立場，從那兒把他所需要的診斷和治療的預後報告送交給他，以使他感受到真正被涵容和治癒。當我將這些想法回饋給他：「我們處在彼此分離的狀態，我和你都涉足其中。」我只能讓他的期望破滅

　　　被遺忘的愛神：神話、藝術、心理分析中的安特洛斯

了。

　　在一次分析會談中，我們站起身、使用心理劇的技巧檢視凱斯近期的困難發作，這種動力關係變得清楚可見。凱斯在某個晚上參與了一場受到廣泛宣傳的演講，講者是他從青少年時期就知道且景仰的演說家。他試著在演講後和那個人說話，卻發現無法如自己所期望的那樣建立關係。因此在我們的分析時段中，我們利用空椅法重現那個場景，有策略地在空間中擺放椅子並且賦予它們角色。從那張代表在講座中的自己的椅子後方，凱斯努力說出他未能當場對他前任心靈導師說的話。然後凱斯站到代表心靈導師的椅子後方，想像這個人在自己接近他、打招呼時，可能在想些什麼。最後，他又多擺了兩張椅子，來代表他的負面父子動力關係，現在他能夠看見這層擋在途中的動力關係。在那次會談的最後，我們發現我們倆站在一塊、肩併肩，看著房間中央椅子聚合的樣子，那個凱斯安排來表現情緒高張、又以失望收場的相遇時刻。這些椅子的畫面和它們所容納的情感，在這一小時裡迴盪出我們記憶中許多想與人相會、或想要感到有所聯繫的奮力掙扎。

　　以一種人際互動的觀點來說明這個問題：凱斯被困在負面的父子「角色滯留」（role conserve）中，那就像是錄像的重播功能，透過將老故事裡沒能滿足的需求投射到眼前的事件上，扭曲他與心靈導師嶄新的相遇經驗。類似的是，這個經驗也扭曲了他的心理分析，他必定感覺彷彿父親又再次週復一週，載他去淒涼地坐在空蕩蕩的家庭露營車裡。讓凱斯揣摩心靈導師的行為，提供了一種開端和洞見：在設身處地置身於講師角色的自發性創意時刻，凱斯體驗到可能有人正以不同的眼光看著他，想從另一種立場、以另一種語

彙說話。他在自發的創意行為之中，憑直覺知道自己可以獲得更寬廣多元的角色行為模式與生命故事。

另一種從內在心靈角度描述相同問題的方法，是利用「附身」的隱喻來說明這場演出。被附身的自我，受苦於與潛意識內容融合的狀態，最後導致自我人格被免職。凱斯的椅子被霸佔了：應該端坐在他的人格位置上的能力，被負面的父子情結猛烈推翻。同時，每次父親原型出現在他生活中，他就「受苦於」自我對於改變的刻意抗拒。常常，這看起來像是凱斯的防禦自我偏好於負面父親所篩選出的世界之可預測性，以哀悼那份關係。他背負著這關係中的所有不公平，並在他的心靈與這個世界，對其他未知類型的「父親」敞開大門。他的自殺念頭在夢中展演出來，當他意識到自己錯過了演奏會的上半場──即他人生的上半場──而引發想暴要衝離開戲院的渴望。這證實了他有著不堪一擊的僵化自我。

凱斯在下一次的會談中，帶來以下這個夢境：

「就像在這個房間，只是顏色比較昏暗，是我臥房的土紅色。我正坐在一張椅子上，你也在。我所坐的椅子高度比這兒低，你的椅子也是。房間的風格簡約、溫和樸實，像是間接待室。你問我，為什麼在這個房間裡選擇坐在你旁邊。我說『只是因為現在房間裡就這三張椅子』，你說『對自己說話是沒問題的』。我想，心理分析就像是在對自己說話。」

我們討論了在前一次分析中，凱斯所經驗到的改變，以及這個夢如何將這些回應給他：諮商室的淡黃色牆壁加溫成土紅色，椅子

變得更低、更柔軟，觀看的角度翻轉了。房間裡有三張椅子，在夢中我們比肩而坐，面對第三張椅子。我揣想著：「落在第三張椅子上的會是什麼呢？」凱斯已經準備好要告訴我，是誰填滿了那個位置。他當時正在閱讀一本促使他思考關於自我接納的書籍，他在想自己是否有自我接納的問題。此外，他也問我：「這個問題，又會如何在此處於我們之間上演呢？」

隨著我們的過渡空間逐漸建構而出，我們感受到彼此之間的對立變得有點像是兩個對手的遊戲，讓人不禁想起在依利斯體育場的浮雕上，搶奪棕櫚樹枝的厄洛斯和安特洛斯。舉例來說，有次我使用「操練（manoeuvring）」這個字眼來描述我們在一個小時之內的進展。凱斯說這個字聽起來太像「操縱（manipulating）」，而以「轉移（shifting）」這個字來反駁我。不過他接著抱怨，我應該在這場即興演出中扮演更多領導角色。我調整那項要求，提議我們正在探索的或許是場勢均力敵的對抗，甚至需要我更加積極地抵抗他。

想像所有這些拉扯可能帶給凱斯的事物，我經常回到第五章所提過的勞倫斯的小說場景：在魯伯特和傑勞德纏鬥時所經驗到的那些事。或許當我在學習不要模仿凱斯而是抵抗他時，就像是魯伯特正在學習聆聽他自己心跳的聲音。凱斯讓我學到如何坐在我自己的椅子上。

〈案例三〉

我稱呼為崔西的女子是移居歐洲的加拿大人。她從事表演、也教導現代舞的技巧，那是種需要紀律和充沛體能的嚴格技巧性身體

工作。從她對於工作的描述，我得知她不但是位優秀的表演者，還同時是位具有天賦的出色舞蹈老師。她能從直覺得知，哪些學生需要概念來表現出一個動作，誰又需要一點解剖學的知識，誰需要一個圖像，還有誰需要一個動機來穿梭於舞台之上。

她對神話的興趣，曾經引領她在大學研習美術時，短暫地與一位榮格分析師進行了一段時間的分析工作。現在前來接受分析，是因為她快要四十歲了，希望能更了解自己的人際關係，並在變得更老之前把握想要孩子的需求。

崔西的父親以法語為母語，在大戰之後移居魁北克，與她那加拿大移民第二代的母親結了婚，一起經營廣大、豐饒的農場。她的父母是虔誠天主教徒，她的兄弟們一邊在農場工作，一邊完成他們的中學教育。不過，崔西和她的姊妹們在小學畢業後，就被送往附屬於修道院的私立寄宿學校。崔西認為，被送走是種深沉的背叛，是不自然、分化和疏離的。在她身為一個青少年，同時需要與家庭以及與女性特質建立正向聯結的時候，這樣的安排讓她體會到失去家庭的挫折，並否定了她身為女孩的價值。除了被隔離在宿舍裡的創傷感受，崔西也覺得修女們扭曲了她對於情慾（厄洛斯）本質的提問，並透過她們的答案使她的態度變得畸形。她盡早逃離了魁北克，讓自己沉浸在大學生活和耗費體力的舞蹈訓練中。舞蹈方法是具有深度及如戰鬥般的身體動作與表演技巧，這替舞者們預備了孤立絕緣的身體，以在動作中避開彼此，那些動作被描述為最輕微的接觸也帶著強力的電流。在那期間，她對於無論是男性或女性的愛人，都經驗到相處上的困難——男性總是莫名其妙地來了又走，堅持緊握著他們的陽性權力；女性則像是姊妹淘，但關係充滿負面與

貶低，經常是處於受苦狀態、批判且有所隱瞞的。

喬伊‧雪威（Joy Schaverien, 2004）曾論述到，把「享有特權」的孩子送到寄宿學校，是英國為了社會控制而產生的系統化的兒童虐待型態[2]。強迫與家庭斷裂的創傷，又因為情感剝奪，以及常見的性虐待、身體虐待和表達情緒的禁忌導致自我封閉，使得情況更加惡化。結果，他們成人後必須表現出非常成功與社會化的人格面具，來掩飾內心受挫的孩童，這將對於人際關係中的真誠親密造成損傷。雪威描述，與這樣的成人進行心理治療時，可能會導致依賴和情慾化的移情關係，於是他們可能會突然決定斷決關係。她警告，即便是治療當中的細微變化，例如諮商室的變更、假期的來臨、或是對於情感需求的直接表白，都可能會造成治療工作毫無預警的終止。

對於情緒感覺和人際關係的否定，在崔西的天主教寄宿學校中已然自成體系，這就像雪威所描述的在英國寄宿學校裡的虐待。青少年離家的過渡儀式也同樣遭到反轉：與家庭的斷裂是由父母促成，而非孩子的選擇。在修道院學校對於女性身體的詆毀、對於靈性與性慾的二分、習以為常於女人不如男人的觀念，都使得這種斷裂更加惡化。隨著青春期開始，崔西發現自己沒有獲得家庭具有意義的涵容接納，還被囚禁在堅信女性月經週期是種詛咒的靈性社群之中。在這個社群裡，藝瀆不潔的情慾（厄洛斯）只能勉強被承認是為了繁衍後代才存在。天主教神父和分析師約翰‧朵利（John Do-

---

2　英國中產階級以上的家庭傾向將孩子送往學費昂貴的私立住宿學校就讀，而非在政府補助免費的義務教育系統內學習，除了獲得良好教育，認識其他身處中高社會階級的同儕並建立人脈，也是就學的主要目的之一。例如英國王子所就讀的伊頓公學就是英國著名的私立寄宿男子中學。

urley）曾經以尖刻的詞彙描述這種思潮的徹底失敗：

聖典中所揭露的神聖目的，不意外地成了以繁衍後代為宗旨的異性戀婚姻關係……這樣的論調，將造物主寓於性事中的目的化約成生理的字面意義，比起人類性慾的完整，這與動物的畜牧更為一致。性慾厄洛斯的物質與靈性神聖性，只在它自身明顯缺席時才得以存在。這種缺席，對於如同棺材般懸掛在梵蒂岡性慾主張之上的悲哀出了不少力。

（Dourley, 2012）

崔西或許以為離開魁北克，到國際化的歐洲從事表演和教學，就能將她從這種遺產中釋放出來。然而，她發現自己充滿壓力時，會導致心理層面的退化，並將她的現代舞訓練和對身體的正面禮讚，轉變成如魔鬼惡搞般的低沉基調。她過去以施行禁食和過度嚴格的技巧來懲罰自己，以致於她曾經掉了二十磅的體重、罹患貧血，還停經兩年。可以這麼說，她最基本的部分持續受到隱藏、或被從意識層面分裂出去。

崔西帶進心理分析的第一個夢，有關於兩個她想要有所聯繫的女人，這兩個女人合在一起，像是亞理斯多芬在柏拉圖《饗宴篇》中所描繪的四腳兩頭人物，在水塘中像是一個人那樣地站著。這是一個情慾的夢，關於渴望、也關於想要與整體圓滿的意象聯結的熱望，想要越過水面，對那位他者（Other）提出吳爾芙在著作《海浪》當中所問的問題：「你可否告訴我，我是誰？」在崔西的夢裡，夢境自我僵直地站著，就像莎芙在新娘面前那樣焦灼，卡在孤

獨的窘迫當中，不知所措。她太害怕而不敢涉水（可能因為下面可能有鯊魚？），沒辦法也不敢向前與那個女性他者有所聯繫。

相反的，在接下來幾次治療會談中，她詳述起有男人在其中移動的夢境：一個具有權勢且嗜虐的男人在高速車陣中疾行，女人們警告她應該遠離這個陰暗的男人。在交代她生命的過往回憶時，崔西提到三個階段，每個階段都由一位鼓勵她搬到新城市的男人所主導，男人似乎供應了行為的動力。但由於他們被想像成具有「心理病態（psychopathic）」、深具威脅且危險的藍鬍子，他們也可能輕易地把東西摧毀或切除。作為內在心理圖像，他們屬於攻擊型的「自我憤恨」形象，女人經常必須對之加以處理，以獲得領悟，並且體現出她們自身的力量、愛情、與美德（Austin, 2005）。

崔西也帶來關於廁所的夢，她夢見把自己鎖在廁所間裡無法控制地排尿，也夢到大量的糞便。儘管那些訓練、表演和教學的深刻知覺工作，曾帶領她進入對於自己打好基礎的身體以及他人身體的個人體驗，她的夢境自我依然覺得自己活在修道院般的場所。在那裡，她必須隱藏她的性慾和情緒，她必須在白天隱藏它們，然後再偷偷將此驅逐到上鎖的小房間裡、趕到暗處。或許，當她深刻地敞開自己去工作時，這些知覺工作會將她帶回早期的那些情境中，彷彿是要去處理那些分裂和否認。由於她的舞蹈工作在意識層面發展地如此完整與健壯，要是她累了，她大概也只能落入執行重複的熟悉事務，將那些分裂和否認在缺乏洞見或改變的情況下執行出來而已。她需要比舞蹈教室更安全的地方來進行這項工作，用比舞蹈更不受她意識控制的媒介。她需要有人來見證並引起她對於自己挫折的注意力，不是進行一場表演、而是走過一段心理歷程。

我們的分析工作進行了八個月，然後——如同雪威所預料的——她突然中斷分析，表面上看來是回去加拿大一陣子，但其實超過一年以上的時間，我都沒有她的消息。

　　後來，崔西再次和我聯絡。對於分析工作的下個階段，我們同意將治療結構變得更緊湊（舉例而言，如果她覺得需要停止，我們可以在六次會談後結束分析）。我們想著手處理她在人際關係上的外顯問題，夢境卻同時替分析工作設定了非常不同的焦點與架構。由於崔西現在變得更加穩定於當下的生活，專注於當前這個她所主動選擇的生活與工作的地方，而非把焦點放在過去她被人帶往、然後丟下之地，因此她有意識地聯結起一個新近的正面夢境：一棵孤獨的松樹，勁風吹拂但穩穩扎根，這棵樹聳立在加拿大她外祖父母家前院的顯眼位置。

　　差不多同一時間，可能因為她更為穩定下來，崔西勇敢到能將一個明顯是我們分析關係情慾移情的明白夢境，帶到分析會談當中。有一個禮拜，她覺得身體有些狀況，她右側（慣用側）的身體緊繃感增加了，她努力放鬆、消除緊張但沒有成效。來會談的前一天，她失去聲音、對於要來分析感到害怕。這就是她所帶來的夢境：

　　「我正在和奎格會談，兩張椅子併排放在一起，面對著現實中是門、但在夢裡是窗戶的方向。房間入口在夢中奎格的椅子後面。我正在說話，用嬰兒般的姿勢蜷曲在椅子上，我的頭靠在椅子的右扶手上。奎格很靠近我。突然，他將手溫柔地放在我背上。這是個親密的姿勢，幾乎帶來了疑問，但這改變了一切，不能回頭了。我

停止說話並且安靜下來，消化著這個動作的意思，我思考著、覺得驚嚇但不感到噁心，相反地，我還困惑於自己受到吸引的反應。我們赤裸著身體躺在雙人床上，就是真實世界面對窗戶的那張沙發。電話響了，他接起電話聊天，彷彿我不在那兒。我一度覺得遲疑。他點燃了一些品質很好的薰香。我說『你對於薰香的品味不錯』。他說『我真的不懂這些』。我說『這很簡單，只要跟從你的鼻子就對了』。然後我慢慢移到他身邊，在接吻之前，輕輕用我的手腕、臉頰、肩膀撫觸著他的左手臂與肩膀。這非常性感，非常充滿感官刺激，顯然是親密的溝通。『一會兒』之後，在我們做愛以後，他起身進入浴室，我自己在房間裡。我走向浴室門邊，看著一個像是祭壇的東西。這個祭壇非常男性化，有一些動物或狩獵的圖片，有個德國的舊啤酒瓶，是栗色、森林的土褐色。在某一刻，一位秘書進來房間對著奎格說話，就像我不在場；或者我們一起在床上是再正常不過的事情。」

首先，這個夢以兩張分析椅的併排來呈現治療同盟（和前面凱斯的夢境並無不同；在現實中，椅子當然是面對面的）。在夢中，椅子面對一個室內窗戶（意思是說椅子朝著室內，而非朝向室外），有些新的事物將要發生；可能甚至更好，這個夢將室內門當成窗戶，隨著諮商室被以內部觀點「重新安排」，這樣我們才能夠一開始就看著新的元素。崔西身為被分析者，正處於退化的階段（regressed state），在分析椅上採取胎兒姿勢，身為分析師的奎格摸著她的背，可能是摸著接近她右上側身體的痛處。這個姿勢標示著她回來以後分析關係的轉變，這樣的改變被想像為性慾的。對崔西

來說，若回到較爲表淺的工作方式，現在已經不能使她感到滿足。

討論這則夢境時，我謹慎地提到了一開始覺得太過於理論化的事。我在想佛洛伊德可能是正確的：母親給了女兒健康（或者病態）地對待女性身體的態度，父親則自然（或者病態）地聚合了女兒的性慾（sexuality）。佛洛伊德指出，亂倫禁忌提供了與亂倫慾望相對抗的衝動，阻止父親將情慾聯繫付諸行動。一個好的父親，會透過讚揚女兒的美麗和女性力量而喚醒她們的性慾，同時，自覺或者不自覺地，他們也犧牲了自己在那個情慾領域的需要。也有帶著各種原因的父親們，在這些時刻過於疏遠或者過於自戀，要不就無法忍受女兒是個性感的人，要不就將女兒與自己在性慾和心理上的需要綁在一塊。崔西通常形容，爸爸是疏離的，專注在農場和男孩子身上，經常因太過勞累和全神灌注而沒注意到她；媽媽對於自身的女性身體還有女兒們，都抱持愛恨交織的態度。然後就發生了女兒被全數從家中移往昂貴的修道院學校，這樣帶來創傷的拋棄與背叛。

在歐洲，崔西有五年的時間與一位年長許多的愛人有著性關係，那是位帶有父親特質的男人，不過他也對她抱持著強烈性慾。現在，在這個移情──反移情關係中，崔西在她顯性的面向上退化到受創的嬰兒位置，她夢中的分析師（她自己較爲老成陽剛的部份）正摸著她的背，使她更自覺到右側肩膀的疼痛。聯結是如此強烈，像是好的「薰香（incense）」英文發音聽起來像是「亂倫（in-cest）」，就如同是在講與那位年長愛人的性關係。不同之處在於，分析關係是爲了崔西本身而存在，並不是爲了爸爸或是年長的愛人，也不是爲了崔西的自我（ego）。夢境將此非常清楚地區分開

來。同一時間，對於夢中自我而言，撫觸引發了疑問：這層新的親密關係出現在分析情境中，象徵了什麼？如何瞭解這關係的深層意義？在諮商室裡，崔西和我被想像成「一同在床上」，夢境呈現「被觸摸」和「有所接觸」作為我們創造意義的方式。夢中的分析師越是主導架構和治療工作，他越是承認自己有點挫折，對於「薰香」所知不多。而崔西必須再次肯定他：他應該信任並且跟從他的鼻子。同時，夢中的分析師有位秘書提醒他預定時程（暗示還有其他個案），和做記錄（這也是夢境所創造；我並沒有秘書）。

將近一年後，我們在處理崔西生命中幾件困難的議題時，她帶了另一位「奎格」來到分析中：

我和X（年長的男性友人）在一起，想起我們曾經去過一間海邊的老房子。在去那兒的路上，我們坐在一台馬車裡。他摸著我的身體，充滿性意味。我沒有說任何話。當我們到達那棟房子的時候，那裡有陣騷亂，還是暴動？一位三十歲的年輕男人送我到房子前面。我要求他不要丟我獨自一人過夜，因為我害怕炸彈攻擊。後來有位女性友人和我一起在床上，我們笑著談論她如何度過在外國的十五年。後來我去和一位分析師進行試談。他是很多年前，當我剛開始和奎格會談時所想找的人，但是我們沒能安排上時間。我很好奇但不是太認真。我到了以後，他大喊「進來」。他性勃起地躺著、半赤裸地裹著床單。他看起來長得有點像奎格。那地方聞起來有點混濁的性愛氣味。我開始說話，我說「我正在和奎格・史蒂芬森進行分析」，他非常戲劇化地說道「喔不！我不敢相信，那男人兩年前傷了我的心」。我想著我真慶幸當時是選擇和奎格一起工

作。

　　在夢中，問題被觸摸她的年長父親型人物所激發，他的撫觸帶來暴動和炸彈，像是心靈的電子風暴或戰爭，具有短路或陷入黑暗的危機。夢的中段，似乎為夢境自我提供了支持力量或支援人物，女性姊妹般的同伴親密地出場，將氣氛以笑聲變得輕鬆一些。崔西的某些部分，現在知道如何發展穩固的女性立場，關於如何維持反思的距離而不至於自我分裂，關於了解有自覺地「參與」放逐的好處。離開加拿大生活十五年，她現在同樣珍惜扎根於加拿大土壤的松樹，如同她在歐洲身為外來者所獲得的觀點。安・卡森會將此稱為接受了「諷刺的結果」，或善用了革律翁的照相機（見第六章）。

　　不過這個夢的療癒緩解功效，是由安特洛斯式的時刻（anterotic moment）所造就。夢中有兩位相互抗衡的奎格：和崔西一起工作的分析師、還有看起來像奎格的分析師。我忖度第二位分析師，那位性勃起的奎格，可能是在我們的治療工作前期，我向自己保證他不是我身為品性良好的分析師的一部份（像是我把這部分留在家、塞進抽屜裡）。崔西與這位奎格碰了面，他從治療開始就存在於某個平行空間，是她在剛開始和我工作時沒辦法去找的那個人。這就彷彿她需要找到一種回頭看她父親——還有看待我身為她的分析師——的方式，兩者都要具有性功能，同時能反映給她的，不是陳腐自私的性慾、缺乏或貧瘠的情慾，而是具有創造力、確定能對她的自身認同有所貢獻的事物，厄洛斯送給身為年輕女性的禮讚。

　　所以，我為她將這個夢境詮釋為以移情關係來表達的內在心靈

問題：「奎格，我該如何將成熟反思的厄洛斯，以及制服我的本能厄洛斯整合在一起？我的父親和母親都不知道如何整合他們。而天主教的教育在這方面背叛了我。你能夠將他們整合在一起嗎？如果你不能的話，我怎麼可能做得到？你真的知道受傷是什麼感覺嗎？你曾經心碎過嗎？另一位奎格知道，性勃起的那位，不過可能在你的分析角色裡，你不記得自己是否曾被厄洛斯傷害過。我們如何在那些風暴動盪般的深思中，在事情朝向分裂成碎片、再次回到潛意識，像是遇到暴動與炸彈轟炸的時刻裡，還能夠把這些全都放在一塊？」

我想起瑪麗‧路薏斯‧馮‧法蘭茲對於奈瓦爾和珍妮科隆之困境的回應（見第四章）：她強調愛的矛盾，「既是神聖的謎團，同時——如果不是像人猿那樣——也是非常普通的事」。我曾經引用岡恩甚至更為簡要的說法（見第六章）：「這很荒謬，而且這是我們主要的存在意義」。崔西的夢中自我，努力要將介於她內在「雙重奎格」之間的心靈層面統整起來，她所具現的「反思映照」與「覺醒激發」的移情意象，這兩者彼此需要。表面上，夢中自我似乎將分析師視為互補對象，不過事實上她所認清的是，厄洛斯的贈禮是在空洞或受傷之處所生成，在促使我們抽離自身的期望，以及在對於過往的反思中；即莎芙所定義的那種匱乏。夢境自我正在尋求獲得棕櫚樹枝的可能。

若把這兩個移情夢境視為崔西在分析中的核心經驗，將會對事實造成誤解。對崔西而言，關鍵的是她自己複雜多重面相的出現。這個發展始於有意識地與祖父母的松樹意象產生聯結，那是她目前作為試金石的意象。另一個夢回應了她在某個週末的內在導向舞蹈

工作，在夢中，崔西清理了一座游泳池，並且釋放了一位高大的黑人，他熱切挽著她的手臂，不是以愛人的身分，而是看待一位嚮導和朋友。在此她覺得自己再次受到驅使，不過是以一種非常不同以往的陽剛特質。現在，男性人物同時帶有正面和負面的特質，女性人物也同時展現正面和負面的力量。在另一個夢境中，崔西的夢中自我正在妓院中和女人們做愛，她以她的手指插入一個女人的陰道，發現裡面有牙齒。一方面，對於做了一個這麼正統的佛洛伊德學派、會閹割的陰道這種陳腔濫調的夢境，崔西出乎意料地被逗樂。另一方面，她正深入探索出現在她最初的夢境當中，在水的另一端、那位四腳兩頭女性形象的本質。她變得對自己內在具有破壞力、或吞噬力量的女性氣質有所覺察，這可能是來自於她母親那對於自身和女兒們的防衛批判的遺產。在現在這個當下，崔西可以認出如果關係悄悄進入母職的動力型態，她如何使用自己負面的批判能力傷害目前的愛人。

我將這兩則夢境從它們在分析中的小角落帶到顯眼的位置，以解釋、辨認和探索它們的安特洛斯性質，如何使這些分析時刻更具有意義：安特洛斯抵抗著厄洛斯，要求我們在厄洛斯聚合時尊敬他（崔西的家庭明顯試圖要對此轉移注意力，而修道院學校教育則否認這個需要），不過安特洛斯也反抗著同一位厄洛斯，以促使他們都能成長。

在這三則臨床個案的範例當中，非常諷刺的是，所有接受分析者離開諮商室時都帶著更多、而非更少的張力；不過情感上，他們覺得在離開會談時比剛來到時輕盈多了。我們沒有消滅厄洛斯和安

特洛斯之間的對抗作用：隨著阿芙洛蒂忒這兩個兒子長大，他們之間的對立關係只可能增加。這三位個案勇於以輕盈而非沉重的態度體驗這種張力，以一種對快活遊戲開放的姿態，這與在伊利斯圓形競技場的體育場上纏鬥的那種手足能量沒有不同。他們有意識地體驗了在黑暗與光明之間的張力，像棕櫚樹枝那樣的生動，彷彿被綠色火光所照亮啟發。

在這三則案例的啟迪之下，這樣提議看起來是很恰當的：心理分析和移情──反移情關係（無論在佛洛伊德派、拉岡學派、或榮格學派中）可以透過為兩種傳統治療師的操作形象──身為空無一物的映照屏幕、或者充滿同理心的鏡像他者──加入第三種，即安特洛斯的明晰形象，而獲得提昇。有時候，分析師可以慈愛地擔負抵抗案主、纏鬥手足的能量，隨後，諮商室內的互動場域才能向泰美斯自然秩序的領悟所開啟。

圖 10.1 石棺浮雕碎片上兩位擁抱的雙翼天使。馬爾馬拉島的大理石。
©版權為克羅埃西亞伊斯特拉縣的考古博物館所有（Copyright © Archaelogical Museum of Istria, Pula）

開放的結局：
讓安特洛斯成為更為可見的奧祕

談論

　　日與月

火苗與開端

藏在文字之後

是被啟發照亮的語言

　　　　　　　──湯姆·岡恩詩作

　　　　　　　　〈正在搏鬥〉

　　　　　　　(Thom Gunn, 'Wrestling')

物理學家告訴我們，物質以驚人的速度彼此分離。或許，我們所有關於原初或宇宙起源的厄洛斯的文化觀點，只是表達了我們想整合事物、以抵抗自然演變的希望？當然，當佛洛伊德和榮格決定──以榮格所謂「道德的命令（Moral imperative）」──在臨床工作與理論上支持情慾（Eros）的觀點，他們就已充滿創造力地奉獻自己，去阻擋心理層面所呈現的分崩離析，盡其所能地整合在他們自己、個案和以及集體心靈中，意識與潛意識的對立。就這層面而言，榮格借用了煉金術「合體（coniunctio）」的情慾語彙，描述了分析心理學是對抗自然（contra natura）的工作：「如榮格所感受到的，人類的任務是去療癒心靈宇宙在形上學的分裂。」（Bishop, 2002）

榮格所採取的立場，是反對其時代日漸增加的分裂與混亂傾向。他的立場並非反動，或僅是在緬懷過去的舊秩序。他探索的觀點立足在集體潛意識的邊緣，目的是找出新秩序的可能：

我們生存在當今這充滿混亂與解體的時代。每件事物都處在大熔爐之中。如日常所見，在這種環境下，潛意識的內容往前推進直達意識的邊緣，目的在於平衡潛意識所發現自己的危機。因此儘管似乎模糊不清，這值得我們花費心力、以最謹慎的態度去檢驗所有這類邊緣現象，採取發現嶄新、潛在秩序種子的觀點去加以檢驗。

（Jung, 1946）

或許被遺忘的安特洛斯神話正符合這種邊緣現象，足以補償厄洛斯發現自己聚合出現的危機。天文學家詹姆士·吉布森（James B.

Gibson）或許已經以令人好奇的方式證實這一點：他追蹤一顆在1943年首次被指認的小行星，發現它運行於名爲「愛」（Amor）的軌道上，並於1973年將它命名爲安特洛斯。這個直徑 1.8 公里的小行星，環繞著地球，幾乎正位於我們天文學所能覺察的邊緣地帶。（圖 10.2）

馬特・格朗寧關於傑夫與亞格伯《在地獄的生活》（*Life in Hell*）的反諷漫畫，量測著我們時代的愛慾（Eros）溫度。正如我們迷戀相互依存（mutuality）的愉快自我幻想（ego-fantasies），並能靈巧運用反身思考和交相互惠的簡潔心理學語言，我們同樣震撼於發現回應的愛——對於安特洛斯的體驗——是如此強烈，幾乎是種敵對的抗衡。安特洛斯的神話提醒我們，他是由阿芙洛蒂忒與戰神所生。厄洛斯與安特洛斯的神話之矛盾情境，在於「相同面的聯合」本身就具有反對的特質；也在於心靈關係當中向前變遷的謎團，正好抵觸我們當代社會的習俗。

安特洛斯的古希臘形象與故事，符合這種弔詭的矛盾。鮑薩尼阿斯所描述的兩處安特洛斯異教敬拜場所，證實了這種模稜兩可：安特洛斯在其中一個場所支持愛神厄洛斯；在另一個場所，他卻反抗厄洛斯，爭搶著棕櫚樹枝。西賽羅爲這曖昧不明的關係提供了家族譜系，而演說家提米斯提烏斯創造了一則敘事，使其矛盾的張力關係衍生出意義：藉由與他的哥哥厄洛斯搏鬥，安特洛斯強迫他們兩人一起成長。這個古希臘透過搏鬥或遊戲的形象所欲傳達的，也正是煉金術文獻《玫瑰園》（*Rosarium*）伴侶配對的內涵。在這兩者當中，主角都既是同伴又是對手；「愛」都扮演了關鍵的角色；而動力關係本身，都被描寫成生機蓬勃的超越第三者。

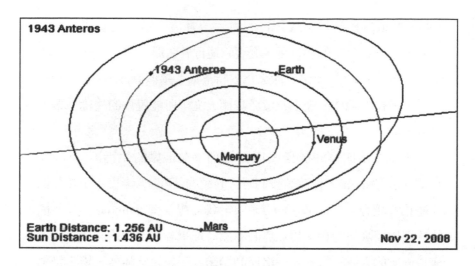

圖 10.2 小行星安特洛斯，最早發現於 1943 年；詹姆士·吉布森（James
　　　　B. Gibson）在 1973 年發現其軌道。
圖片來源：美國太空總署（NASA）噴射推進實驗室／加州理工與 NASA 軌道
瀏覽程式。

　　二十世紀數學家約翰·福布斯·納許（John Forbes Nash Jr.）的
論文，使上述安特洛斯神話的特定面向找到當代的表達形式。納許
嚴重地受到偏執型精神分裂症侵擾，超過三十年。1994 年，66 歲的
納許因爲他 22 歲時的作品獲頒諾貝爾獎。當時納許選定了一個問題
作爲他的論文題目——這題目長久困擾著他的導師。他的論文與
「賽局理論」有關，奠基於約翰·馮·諾伊曼（John von Neum-
ann）教授企圖推導出「競爭」的邏輯與數學規則之成果。對於純粹
競爭，諾伊曼教授已發展出可用的理論，其中一方的獲利等於另一
方的損失。納許決定專注於令「相互獲利」（mutual gain）有所可
能的特定競爭情況。他論證出穩定的數學解法——如果被要求去做

其他人做過的事，沒有任何參賽者可以做得更好——給廣泛情況不同條件下的此類競爭。納許以這樣的論證，將賽局理論從誘人的概念轉換為強而有力的工具，可用以理解從貿易協商到衝突解方等各種現象。在數學方程式的現代外衣之下，納許的直覺部分相通於厄洛斯與安特洛斯神話的核心奧秘。

詩人喬瑟夫‧布羅斯基為此賽局的數學模型增添另一層令人迷惑、對立的另類定義；這雙對手似乎是「共同損失」（mutual loss），然而卻能推動彼此一同前進。厄洛斯違反理性的陰暗面，正是安特洛斯式的（anterotic）謎團。布羅斯基推崇三角關係這個一超越作用的存在，此關係盤旋於成熟中伴侶的床鋪上方。他也推崇由伴侶的共同陰影面所組成的黑暗雙面門：愛侶們經由此通道「走向未來，遁入夜色之中」。伴侶雙方的動力關係不僅存在於他們實際相遇的場所，也同樣發生在超越作用的空間當中。對於分析師與受分析者所構成的心理治療同盟，這個意象也指出了一種分析師的重要角色，不同於作為投射用的傳統空白屏幕、或一面提供同理心的鏡子。不熟悉安特洛斯神話的臨床工作者，當他們與個案經歷這樣的時刻，或在治療中面對伴侶經驗的這種空間時，可能會將之忽略、甚至以病態的角度來解釋。

身為經常被遺忘的邊緣人物，安特洛斯所積累的歷史將在此進入尾聲，但尚未有所定論。關於集體想像（imaginaire）的歷史必須被以線性的方式閱讀，然而在閱讀之後，每位讀者都有更進一步的任務。讀者來到這些篇章的最末，受到泰美斯所啟發的行動可能是採納這本書的內容，將這些故事與意象整合在一塊，放在耀眼的光芒下，試圖看穿他們的意義。以另一種方式來說：就像是點上一盞

魔燈（magic lantern），其中的文字與影像能夠被燈一一投射出去、並且覆蓋在前一個影像之上。或許安特洛斯神話的謎團，會因而更爲清晰可見；也或許，隨著本書呈現的論點而擺盪，讀者能在這重寫本中見證到安特洛斯的變化，並感受到他存在的重要性。

　　最後的結論在於，這份歷史必須被托付給各位讀者。每個人都能去探索，透過安特洛斯的神話，是否能把厄洛斯的經驗變得更有意義；認知到這位手足的存在，是否能促使他或她生命中厄洛斯的成熟。每個人都將發現：有意識地忍受著厄洛斯的增加，究竟會感受到更多的苦難折磨，抑或是能體會到愛的至高喜悅。

圖片索引

編號	圖說與版權	頁數
1.1	在兩位愛神陪伴下梳理頭髮的女人（可能是安特洛斯拿著鏡子、厄洛斯倚著弓箭）。西元前 70～60 年，義大利龐貝祕儀莊的濕壁畫。◎版權爲德意志建築學研究院義大利羅馬分部所有（Coptright © Deutsches Archäologisches Institut, Rome / Photo: Anderson）	16
1.2	祕儀莊壁畫各角色人物的示意圖，圖 1.1 位於此圖右下的角落兩側。義大利龐貝。◎版權爲龐貝文化遺產與活動部所有（Copyright © Ministero per I Beni e le Attivita Culturali, Pompeii.）	19
1.3 a,b,c	愛神追逐著一位少年。雅典（皇家馬廄）。花瓶，西元前 480 年，花瓶畫師與陶藝師杜里斯（Douris）的作品。收藏於雅典國立考古學博物館。◎版權爲希臘文化部／考古學基金會所有（Copyright © Hellenic Ministry of Culture / Archaeological Receipts Fund）	21 ｜ 22
1.4	深髮色的安特洛斯和淺髮色的厄洛斯。花瓶，西元前 470 年。◎版權爲德國黑森州富爾達法聖瑞宮所有（Copyright © Hessische Hausstiftung, Museum schloss Fasanerie, Eichenzell / Fulda, Germany）	23
2.1	安特洛斯將厄洛斯綑綁起來。西元 1536 年，安德烈亞·阿爾洽堤（Andrea Alciati）《象徵》手冊中的木刻版畫。◎版權爲格拉斯哥大學圖書館特殊收藏部所有（Copyright © University of Glasgow Library, Special Collections）	38

編號	圖說與版權	頁數
2.2	圭多・雷尼，神聖之愛與世俗之愛。油畫，1622-23。©版權由熱那亞斯皮諾拉宮國家美術館所有（Copyright ©Galleria Nazionale di Palazzo Spinola, Genova）	46
2.3	受罰的愛神，濕壁畫。©版權爲那不勒斯國立建築學博物館所有（Copyright © National Archaeological Museum, Naples）	50
2.4	提香，《神聖與世俗的愛》，油畫，1515 年。收藏於義大利羅馬／阿里那利，波格賽美術館。©版權爲布里奇曼藝術圖書館所有（Copyright © The Bridgeman Art Library）	52
2.5	提香，《愛神邱比特的教育》，油畫，1565 年。源自波格賽美術館，義大利羅馬／阿里那利。©版權爲布里奇曼藝術圖書館所有（Copyright © The Bridgeman Art Library）	54
2.6	索多瑪，《愛的寓言》。收藏於羅浮宮，巴黎。©版權爲法國國立博物館聯會所有（Copyright © Réunion des musées nationaux）	56
2.7	卡拉瓦喬，《得勝的邱比特》（Amore Vincitore）。油畫，1602 年。收藏於德國柏林國立博物館。©版權爲布里奇曼藝術圖書館所有（Copyright © The Bridgeman Art Library）	58
2.8	喬凡尼・巴約尼，《神聖的愛》，或《神聖與世俗的愛》（Amore Divino），油畫，收藏於羅馬巴貝里尼宮。©版權爲布里奇曼藝術圖書館所有（Copyright © The Bridgeman Art Library）	60
3.1	諾埃爾尼古拉，孔蒂親王夫人（Madame de Bourbon-Conti）。油畫作品，1731。約翰・潤林（John Ringling）遺贈，1936。©版權爲約翰與梅波・潤林美術館，佛羅里達州立美術館，佛羅里達州立大學分部所有。（Copyright © Collection of The John and Mable Ringling Museum of Art, State Art Museum of Florida, a division of Florida State University）	62
3.2	加布里埃爾・德・聖・奧賓（Gabriel de Saint Aubin），《昆諾特及盧利的歌劇阿爾米達在巴黎皇家歌劇院演出》，1761 年，鋼筆、水彩、水粉在鉛筆草稿上。©版權爲波士頓美術館所有（Copyright © Museum of Fine Arts, Boston）	70

編號	圖說與版權	頁數
4.1	搏鬥中的厄洛斯與安特洛斯。花器。©版權爲維爾茨堡大學的馬丁·馮·瓦格納博物館所有（Copyright © Martin von Wagner Museum der Universität Würzburg. Photo: K. Oehrlein）	78
4.2	Ultissima verba，亞瑟·韓波的畫像。1875 年，鉛筆、墨水畫，保羅·魏倫（Paul Verlaine, 1844-1896）所作。法國巴黎雅克杜瑟文學圖書館收藏。©版權爲布里奇曼藝術圖書館所有（Copyright © The Bridgeman Art Library）	91
5.1	阿弗雷德·吉伯特爵士，〈獻給婚姻之神的祭品〉，銅像，1885-86。©版權爲倫敦考陶爾德美術學院所有（Copyright © The Courtauld Institute of Art, London）	101
5.2	阿弗雷德·吉伯特爵士，〈安特洛斯〉，白鐵。©版權爲伯明罕美術館與藝廊所有（Copyright © Birmingham Museums and Art Gallery）	102
5.3	阿弗雷德·吉伯特爵士，〈沙夫茨伯里紀念噴泉〉，鋁、銅像，皮卡迪里圓環。©版權爲倫敦考陶爾德美術學院所有（Copyright © The Courtauld Institute of Art, London）	104
5.4	阿弗雷德·吉伯特爵士，〈生死門〉，愛德華與妻子的雕像，青銅藝術品、大理石基座，1908 年完成。©版權爲倫敦英國皇家外科醫學院所有（Copyright © The Hunterian Museum at the Royal College of Surgeons of England, London）	115
6.1	克里斯多夫·奇士勞斯基 1988 年的電影【情路長短調】（A Short Film About Love），劇中主角瑪格達與托馬克。（Copyright © Studio Filmowe TOR）	118
6.2 a,b,c	奇士勞斯基 1988 年的電影【愛情長短調】中，主角托馬克走過街道，遇到帶著顏色一深一淺行李箱的安靜見證者。（Copyroght © Studio Filmowe TOR）	141
7.1	厄洛斯與安特洛斯。版畫，仿義大利羅馬的法爾內賽宮（Palazzo Farnese）由阿尼貝里·卡拉齊（Annibale Carracci, 1560-1609）所繪之壁畫。來源：本書作者收藏	144

編號	圖說與版權	頁數
7.2	賽列努斯與（看著倒影的）年輕農牧神，濕壁畫，西元前 70-60 年間。東側牆面，義大利龐貝祕儀莊。©版權為布里奇曼藝術圖書館所有 （Copyright © The Bridgeman Art Library）	154
7.3	（看著倒影的）女人由女僕梳理她的頭髮。濕壁畫，西元前 70-60 年間。南側牆面的西南角落，義大利龐貝祕儀莊。©版權為布里奇曼藝術圖書館所有 （Copyright © The Bridgeman Art Library）	155
8.1	厄洛斯和安特洛斯纏鬥。泥土塑像，西元前一世紀末期。©版權為希臘文化部所有 （Copyright © Hellenistic Ministry of Culture）	162
8.2	太陽與月亮（Sol and Luna），《哲學家的玫瑰園圖》第四圖，1550 年。資料來源：伐地亞那圖書館，聖加倫。	171
8.3	玩棍子遊戲的愛神。花瓶。©版權為慕尼黑國家古代雕塑展覽館所有 （Copyright © Staatliche Antikensammlungen und Glyptothek München / photo: Renate Kühling）	172
8.4	馬丁・奧德馬特，伴侶關係的動態當中光明與陰影同時增加的圖示。資料來源：作者個人收藏	178
9.1	厄洛斯與安特洛斯，比利時布魯日。照片來源：作者個人收藏	184
10.1	石棺浮雕碎片上兩位擁抱的雙翼天使。馬爾馬拉島的大理石。©版權為克羅埃西亞伊斯特拉縣的考古博物館所有 （Copyright © Archaeological Museum of Istria, Pula）	208
10.2	小行星安特洛斯，最早發現於 1943 年；詹姆士・吉布森 （James B. Gibson）在 1973 年發現其軌道。圖片來源：美國太空總署（NASA）噴射推進實驗室／加州理工與 NASA 軌道瀏覽程式。	212

參考書目

Alciati, A. (1522) *Emblemata Fontes Quatuor; namely An Account of the Original Collection Made at Milan, 1522 and Photo-lith Fac-Similes of the Editions, Augburg 1531, Paris 1534, and Venice 1546*, ed. H. Green, Manchester and London, Holbein Society, A. Brothers, and Trübner & Co., 1870.

Amerongen, F. (1998) 'Le désir et ses métamorphoses', in *Cahiers jungiens de psychanalyse*, 89: 7–17.

Artemidorus Daldianus (1975/1992) *Oneirocritica (The Interpretation of Dreams)*, tr. R. White, Park Ridge, NJ, Noyes Press.

Auden, W. H. (1972) 'Shorts', in *The Faber Book of Fevers and Frets*, ed. D. J. Enright, London, Faber and Faber, 1989.

Austin, S. (2005) *Women's Aggressive Fantasies: A Post-Jungian Exploration of Self-Hatred, Love and Agency*, London, Routledge.

Bachelard, G. (1960) *The Poetics of Reverie*, tr. D. Russell, New York, Beacon Press, 1969.

Barron, M. W. (2008) 'Alchemy in Space and Time', unpublished paper presented at Art and Psyche: Reflections on Image Conference, San Francisco, C. G. Jung Institute of San Francisco Extended Education Program, 1 May.

Barthes, R. (1978) *A Lover's Discourse: Fragments* (tr. R. Howard), New York, Hill and Wang, 2001.

Bateson, G. (1972) 'Towards a Theory of Schizophrenia', in *Steps to an Ecology of Mind: Collected Essays in Anthropology, Psychiatry, Evolution and Epistemology*, Chicago, University of Chicago Press, 2000.

Baxandall, M. (1972) *Painting and Experience in Fifteenth Century Italy*, Oxford, Oxford University Press.

Berriot-Salvadore, E. (1994) 'Les Médecins Poètes du Contramour', in U. Langer and J. Miernowski (Eds.), *Anteros: Actes du colloque de Madison (Wisconsin)*, March, Orléans, Paradigme, 169–184.

Bidwell, T. (1986) 'The Restoration of Eros', in *Alfred Gilbert: Scuptor and Goldsmith*, London, Royal Academy of Arts, with Weidenfeld and Nicolson, 39–42.

Birksted-Breen, D. (1993) *The Gender Conundrum: Contemporary Psychoanalytic Perspectives on Femininity and Masculinity*, London, Routledge.

Bishop, P. (2002) *Jung's Answer to Job: A Commentary*, Hove, Brunner-Routledge.

Blake, W. (1790) 'The Marriage of Heaven and Hell', in *The Complete Poems*, ed. A. Ostriker, London, Penguin Books, 1977, 180–195.

Bonnefoy, Y. (Ed.) (1992) *Greek and Egyptian Mythologies*, ed. and tr. W. Doniger, Chicago, University of Chicago Press.

Braunschweig, D., and Fain, M. (1971) *Éros et Antéros: Réflexions psychanalytiques sur la sexualité*, Paris, Payot; Chapter 6, 'The Phallic Shadow', tr. R. Bowlby, in *The Gender Conundrum: Contemporary Psychoanalytic Perspectives on Femininity and Masculinity*, ed. D. Birksted-Breen, London, Routledge, 1993, 130–144.

Brodsky, J. (1968) 'Six Years Later', tr. R. Wilbur, in Wilbur, R. (1988) *New and Collected Poems*, New York, Harcourt Brace Jovanovitch, 13–14.

Bull, M. (2005) *The Mirror of the Gods: Classical Mythology in Renaissance Art*, London, Allen Lane.

Burkert, W. (1987) *Ancient Mystery Cults*, Cambridge, MA, Harvard University Press.

Bury, A. (1954) *Shadow of Eros: A Biographical and Critical Study of the Life and Works of Sir Alfred Gilbert*, London, MacDonald and Evans.

Calasso, R. (1993) *The Marriage of Cadmus and Harmony*, tr. T. Parks, New York, Alfred J. Knopf.

Calcagnini, C. (1532–37) 'On Imitation, The Cinzio-Calcagnini-Lilio Exchange', in *Ciceronion Controversies*, ed. J. Dellaneva, tr. B. Duvick, Cambridge, MA, The I Tatti Renaissance Library, Harvard University Press, 2007, 126–189.

Campbell, S. (2004) *The Cabinet of Eros: Renaissance Mythological Painting and the Studiolo of Isabella d'Este*, New Haven, CT, Yale University Press.

Carey, J. (1992) *The Intellectuals and the Masses: Pride and Prejudice among the Literary Intelligentsia, 1880–1939*, London, Faber and Faber.

Carson, A. (1986) *Eros the Bittersweet*, Princeton, NJ, Princeton University Press.

Carson, A. (1995a) 'The Anthropology of Water', in *Plainwater: Essays and Poetry*, Toronto, Knopf, 117–260.

Carson, A. (1995b) 'The Gender of Sound', in *Glass, Irony and God*, New York, New Directions, 119–142.

Carson, A. (1998) *The Autobiography of Red: A Novel in Verse*, Toronto, Knopf.

Carson, A. (2000a) 'Dirt and Desire: Essay on the Phenomenology of Female Pollution', in *Men in the Off Hours*, Toronto, Knopf, 130–157.

Carson, A. (2000b) 'Irony is Not Enough: On My Life as Catherine Deneuve', in *Men in the Off Hours*, Toronto, Knopf, 119–126.

Carson, A. (2002) *If Not, Winter: Fragments of Sappho*, Toronto, Knopf.

Carson, A. (2005) 'Decreation: How Women Like Sappho, Marguerite Porete and Simone Weil Tell God', in *Decreation: Poetry, Essays, Opera*, Toronto, Vintage Canada, 155–184.

Cartari, V. (1571) *Le imagini de i dei de gli Antichi*, Vicenza, Neri Pozza Editore, 1996.

Cartledge, P. (2009) *Ancient Greece: A History in Eleven Cities*, Oxford, Oxford University Press.

Chartier, R. (1989) 'Introduction to Community, State, and Family: Trajectories and Tensions', in *A History of Private Life*, Volume 3, Cambridge, MA, Belknap Press of Harvard University Press, 399–401.

Chateaubriand, F. R. de (n.d.) *Atala, René, Vie de Rancé*, Genève, Éditions du Milieu du Monde.

Ciavolella, M. (1994) 'Trois Traités du Xve Siècle Italien sur *Anteros: Contra Amores* de Bartolomeo Sacchi, *Anterotica* de Pietro Edo, et *Anteros* de Battista Fregoso', in U. Langer and J. Miernowski (Eds.), *Anteros: Actes du colloque de Madison (Wisconsin)*, March, Orléans, Paradigme, 61–73.

Cicero (1997) *The Nature of the Gods*, tr. P. G. Walsh, Oxford, Clarendon Press.

Colonna, S. (2007) *La Galleria dei Carracci in Palazzo Farnese a Roma*, Rome, Gangemi Editore.

Concise Oxford Dictionary of Current English, The (1995), ed. H. W. Fowler and F. G. Fowler, ninth edition, ed. D. Thompson, Oxford, Clarendon Press.

Cottrell, R. (1994) '*Le Déplacement d'Eros par Anteros dans L'Amye de Court de la Borderie*', in U. Langer, and J. Miernowski (Eds.), *Anteros: Actes du colloque de Madison (Wisconsin)*, March, Orléans, Paradigme, 117–136.

Defaux, G. (1994) '*Marot et 'Ferme Amour': Essai de mise au point*', in U. Langer and J. Miernowski (Eds.), *Anteros: Actes du colloque de Madison (Wisconsin)*, March, Orléans, Paradigme, 137–168.

Diderot, D. (1773) *Selected Writings on Art and Literature*, tr. G. Bremner, London, Penguin Classics, 1994.

Diderot, D., and le R. D'Alembert, J. (1751–65) *Encyclopédie, ou dictionnaire raisonné des sciences, des arts et des métiers*, ed. D. University of Chicago: ARTFL Encyclopédie Projet (Spring 2010 Edition), ed. R. Morrissey, http://encyclopedie.uchicago.edu/.

Donleavy, P. and Shearer, A. (2008) *From Ancient Myth to Modern Healing: Themis: Goddess of Heart-Soul, Justice and Reconciliation*, London, Routledge.

Dorment, R. (1985) *Alfred Gilbert*, New Haven, CT, Yale University Press.

Dorment, R. (1986) *Alfred Gilbert: Scuptor and Goldsmith*, London, Royal Academy of Arts, with Weidenfeld and Nicolson.

Dourley, J. (2010) 'Homosexual Marriage, the Vatican, and Elements of a Jungian Response', *Jung Journal: Psyche and Culture*, 4 (Summer, 3), 37–46.

Dover, K. J. (1989) *Greek Homosexuality*, Cambridge, MA: Harvard University Press.

Edwards, J. (2006) *Alfred Gilbert's Aestheticism: Gilbert Amongst Whistler, Wilde, Leighton Pater and Burne-Jones*, Aldershot, Ashgate.

Eunapius (1922) *Lives of the Philosophers and Sophists*, tr. W. C. Wright, Cambridge, MA, Harvard University Press, Loeb Library.

Falomir, M. (2003) *Tiziano*, Madrid, Museo Nacional del Prado.

Faraone, C. (1999) *Ancient Greek Love Magic*, Cambridge, MA, Harvard University Press.

Ferrand, J. (1610) *A Treatise on Lovesickness*. ed. and tr. D. Beecher and M. Ciavolella, Syracuse, Syracuse University Press, 1990.

Ficino, M. (1460) *Commentary on Plato's Symposium. Commentary on Plato's Symposium on Love*, tr. J. Sears, Dallas, Spring Publications, 1985.

Fierz-David, L. (1988) *Women's Dionysian Initiation: The Villa of Mysteries in Pompeii*, tr. G. Phelan, Dallas, Spring Publications.

Ford, G. H. (1963) Introductory Note to D. H. Lawrence's Prologue to *Women in Love*, in *D. H. Lawrence: The Rainbow and Women in Love, a Selection of Critical Essays*, ed. C. Clarke, London, Macmillan, 1969, 35–42.

Foucault, M. (1990) *The History of Sexuality*, Vols 1 & 2, tr. R. Hurley, New York, Vintage.

Fregoso, B. da C. (1493) *Contramours: l'anteros ou Contramour, de messire Baptiste Fulgoes, iadis duc de Gennes. Le dialogue de Baptiste Platine, gentilhomme de Cremonne, contre les folles amours. Paradoxe, contre l'amour*, Paris, chez Gilles Beys, 1581.

Freud, S. (1900) *The Interpretation of Dreams*, Pelican Freud Library, Volume 4, Harmondsworth, Penguin Books, 1976/1985.

Freud, S. (1920) 'Beyond the Pleasure Principle', in *On Metapsychology: The Theory of Psychoanalysis*, Pelican Freud Library, Volume 11, Harmondsworth, Penguin Books, 1984, 269–338.

Freud, S. (1921) 'Group Psychology and the Analysis of the Ego', in *Civilization, Society, and Religion,* Pelican Freud Library, Volume 12, Harmondsworth, Penguin Books, 1985, 91–178.

Freud, S. and Jung, C. G. (1974) *The Freud/Jung Letters*, ed. W. McGuire, Princeton, NJ, Princeton University Press.

Frey-Wehrlin, C. T. (1992) 'Oedipus in Gethsemane', *Journal of Analytical Psychology*, 37: 173–185.

Frye, N. (1963) 'The Drunken Boat: The Revolutionary Element in Romanticism', in *Northrop Frye's Writings on the Eighteenth and Nineteenth Centuries, Collected Works of Northrop Frye*, Volume 17, ed. I. Salusinszky, Toronto, University of Toronto Press, 2005, 75–91.

Frye, N. (1983) 'The Survival of Eros in Poetry', in *The Secular Scripture and Other Writings on Critical Theory 1976–1991, Collected Works of Northrop Frye*, Volume 18, ed. J. Adamson and J. Wilson, Toronto, University of Toronto Press, 2006, 252–286.

Furbank, P. N. (1992) *Diderot: A Critical Biography*, London, Minerva.

Gaudon, J. (1989) '1827, December: In the Preface to his Unperformable *Cromwell*, Victor Hugo Delivers the Aesthetic Charter of Romanticism', in *A New History of French Literature*, ed. D. Hollier, Cambridge, MA, Harvard University Press, 644–649.

Getsy, D. J. (2004) *Body Doubles: Sculpture in Britain, 1877–1905*, New Haven, CT, Yale University Press.

Girard, R. (1972) *La Violence et le sacré*, Paris, Editions Bernard Grasset; tr, Patrick Gregory, 1977, *Violence and the Sacred*, London, Continuum Press, 2005.

Girard, R. (1978a) *'To double business bound': Essays on Literature, Mimesis and Anthropology*, Baltimore, MD, Johns Hopkins University Press.

Girard, R. (1978b) 'Narcissism: the Freudian Myth Demythified by Proust', in *Mimesis and Theory: Essays on Literature and Criticism, 1953–2005*, Stanford, CA: Stanford University Press, 2008, 175–193.

Gracia, J. (1988) 'Scholasticism', in *Dictionary of the Middle Ages*, ed. J. Strayer, New York, Charles Scribner's Sons, 55–58.

Greenberg, C. (1960) 'Modernist Painting', in *The Collected Essays and Criticism: Modernism with a Vengeance*, Chicago, Chicago University Press.

Greifenhagen, A. (1957) *Griechische Eroten*, Berlin, Walter de Gruyter & Co.

Groening, M. (1994) *Binky's Guide to Love*, New York, HarperCollins.

Gunn, T. (1994a) *Collected Poems*, New York: The Noonday Press/ Farrar, Straus and Giroux.

Gunn, T. (1994b) *Shelf Life: Essays, Memoirs, and an Interview*, London: Faber and Faber.

Gunn, T. (2000) *Boss Cupid*, London: Faber and Faber.

Hall, N. (1988) *Those Women*, Dallas, Spring Publications.

Halperin, D. M. (1990a) 'One Hundred Years of Homosexuality', in *One Hundred Years of Homosexuality and Other Essays on Greek Love*, New York, Routledge, 31–35.

Halperin, D. M. (1990b) 'Why is Diotima a Woman?', in *One Hundred Years of Homosexuality and Other Essays on Greek Love*, New York: Routledge, 113–152.

Harrison, J. E. (1912) *Epilegomena to the Study of Greek Religion, and Themis: A Study of the Social Origins of Greek Religion*, New Hyde Park, New York, University Books, 1962.

Hatton, J. (1903) 'The Life and Work of Alfred Gilbert R.A., M.V.O., LL.D.', *Easter Art Annual*.

Héroët, A. (1542a) "Aultre Invention extraict de Platon de n'aymer point sans estre aymé", 1542, in A. Héroët, *Oeuvres poétiques*, ed. Ferdinand Gohin, Paris, Nizet, 1943, pp. 90–93.

Héroët, A. (1542b) *La Parfaicte Amye*, ed. C. M. Hill, Exeter, University of Exeter, 1981.

Hillman, J. (1972) *The Myth of Analysis*, London, HarperCollins.

Hillman, J. (1975) 'Pothos: The Nostalgia of the Puer Eternus', in *Loose Ends*, Dallas, Spring, 49–61.

Hillman, J. (1979) 'Senex and Puer: An Aspect of the Historical and Psychological Present', in *Puer Papers*, Dallas, Spring, 3–53.

Himmelfarb, G. (2004) *The Roads to Modernity: The British, French and American Enlightenments*, New York, Knopf.

Hultberg, P. (1986) 'Shame: An Overshadowed Emotion', in *The Archetype of Shadow in a Split World: Berlin Conference 1986*, ed. M. A. Mattoon, Zurich, Daimon Verlag, 171–172.

Hyppolite, J. (1947) 'Situation de l'homme dans la "phénoménologie" hégélienne', in *Figures de la pensée philosophique*, Paris, Presses Universitaires de France, 1971.

Jamot, P. (1920) 'The Acquisitions of the Louvre During the War', in *Burlington*, August, 63.

Jodelle, E. (1574) 'Contr'amours', in *Oeuvres Complètes*, Volume 1, Paris, Gallimard, 1968, 422–427.

Jonson, B. (1634) 'Loves Wel-Come. The King and Queenes Entertainment at Bolsover at the Earl of Newcastles, The thirtieth of July, 1634', in *Ben Jonson*, Volume VII, ed. C. H. Herford Percy and E. Simpson, Oxford, Clarendon Press, 807–814.

Jung, C. G. (1916/1958) 'The Transcendent Function', in *The Structure and Dynamics of the Psyche*, Collected Works 8, Princeton, NJ: Princeton University Press, 1960, 67–91.

Jung, C. G. (1917) 'On the Psychology of the Unconscious', in *Two Essays on Analytical Psychology*, Collected Works 7, Princeton, NJ: Princeton University Press, 1953, 3–119.

Jung, C. G. (1941) 'The Psychology of the Child Archetype', in *The Archetypes and the Collective Unconscious*, Collected Works 9i, Princeton, NJ: Princeton University Press, 1959, 182–206.

Jung, C. G. (1945) 'Gérard de Nerval: Vortrag gehalten im Psychologischen Club am 9 Juni 1945', ETH-Bibliothek Special Collections.

Jung, C. G (1946) 'The Psychology of the Transference', in *The Practice of Psychotherapy*, Collected Works 16, Princeton, NJ: Princeton University Press, 1954, 163–321.

Jung, C. G. (1952) *Symbols of Transformation*, Princeton NJ, Princeton University Press, 1956.

Jung, C. G. (1953) *Psychology and Alchemy*, Collected Works 12, Princeton, NJ: Princeton University Press, 1968.

Jung C. G. (1955) *Mysterium Coniunctionis*, Collected Works 14, Princeton, NJ: Princeton University Press, 1963.

Jung. C. G. (1961) *Memories, Dreams, Reflections*, New York, Random House.

Jung, C. G. (2009) *The Red Book: Liber novus*, ed. S. Shamdasani, tr. M. Kyburz, J. Peck, and S. Shamdasani, New York, W. W. Norton.

Kermode, F. (1973) *Fontana Modern Masters: Lawrence*, London, Fontana/Collins.

Kickasola, J. G. (2004) *The Films of Krzysztof Kieslowski: The Liminal Image*, London, Continuum.

Kieslowski, K. (1995) *Kieslowski on Kieslowski*, London, Faber and Faber.

Knapp, B. (1980) *Gérard de Nerval: The Mystic's Dilemma*, Tuscaloosa, AL, University of Alabama Press.

Lacan, J. (1966) *'Ecrits: A Selection*, tr. A. Sheridan, London, Routledge, 1977.

Laclos, Pierre Choderlos de (1972) *Les Liaisons dangereuses*, Paris, Gallimard.

Langdon, H. (1998) *Caravaggio: A Life*, London, Chatto and Windus.

Langer, U. (1994) L'Honneste Amitié et le Refus du Désir dans la tradition morale latine, in *Anteros: Actes du colloque de Madison (Wisconsin)*, March, Orléans, Paradigme, 99–116.

Laplanche, J. and Pontalis, J. B. (1973) *The Language of Psychoanalysis*, tr. D. Nicholson-Smith, London, Karnac.

Larousse Encyclopedia of Mythology, ed. F. Guirand, tr. R. Aldington and D. Ames, Feltham, Hamlyn Publishing, 1959, 1968.

Lawrence, D. H. (1921) *Women in Love*, London, Penguin, 1960.

Lawrence, D. H. (1930) 'We Need Each Other', in *Phoenix: the Posthumous Papers of D. H. Lawrence*, ed. E. D. McDonald, New York, Viking Press, 1936/1968, 188–195.

Lawrence, G. A. (1871) *Anteros: A Novel*, London, Chapman and Hall.

Lesser, W. (2009) 'Thom Gunn's "Duncan" ', in *At the Barriers: On the Poetry of Thom Gunn*, ed. J. Weiner, Chicago, Chicago University Press, 277–285.

Loraux, N. (1990) 'Herakles: The Super-male and the Feminine', in *Before Sexuality: The Construction of Erotic Experience in the Ancient Greek World*, ed. D. Halperin, J. Winkler, and F. Zeitlin, Princeton, NJ, Princeton Univerity Press, 21–52.

Ludwig, P. (2002) *Eros and Polis: Desire and Community in Greek Political Theory*, Cambridge: Cambridge University Press.

Macey, D. (1988) *Lacan in Contexts*, London, Verso.

Macey, D. (2000) *The Penguin Dictionary of Critical Theory*, London, Penguin.

Marini, M. (1987) *Caravaggio: Michelangelo Merisi da Caravaggio 'pictor praestantissimus'*, Rome, Newton Compton Editori.

Maybury, J. (1998) *Love is the Devil: Study for a Portrait of Francis Bacon*, London, BBC Films and the British Film Institute.

Merrill, R. (1944) 'Eros and Anteros', in *Speculum*, 19, No. 3, July, 265–284.

Micklem, N. (1996) 'A Burning Question', in *The Nature of Hysteria*, London: Routledge, 57–69.

Miller, J. (1998) *On Reflection*, London, National Gallery Publications Limited.

Ministère de la Culture de Grèce (1989) *Eros Grec: Amour des Dieux et des Hommes*, Athenes, Editions du Ministère de la Culture de Grèce, Direction des Antiquités.

Nerval, G. de (1966) *Oeuvres*, ed. H. Lemaître, Paris, Garnier Frères, 1966.

Nerval, G. de (1988) 'Antéros', tr. by R. Wilbur, in Wilbur, R. *New and Collected Poems*, New York, Harcourt Brace Jovanovitch, 213.

Nerval, G. de (1999) *Selected Writings*, tr. R. Sieburth, London: Penguin Books, 1999.

O'Neil, M. S. (2002) *Giovanni Baglione: Artistic Reputation in Baroque Rome*, Cambridge, Cambridge University Press.

Palgrave, F. T., as Thurstan, H. J. (1858) *The Passionate Pilgrim, or Eros and Anteros*, London: Chapman and Hall.

Padel, R. (1992) *In and Out of the Mind: Greek Images of the Tragic Self*, Princeton, NJ, Princeton University Press.

Padel, R. (1998) 'Seeing Red', *The New York Times*, 3 May.

Panofsky, E. (1939) *Studies in Iconology: Humanistic Themes in the Art of the Renaissance*, Cumnor Hill, Oxford, Icon/Westview Press, 1972.

Panofsky, E. (1969) *Problems in Titian, Mostly Iconographic*, London, Phaidon.

Pausanias (1935) *Description of Greece*, tr. W. H. S. Jones, London, Heinemann.

Pennutto, C. (2010) 'L'anti-érotisme d'Hippolyte: une extravagance amoureuse?' in *Extravagances Amoureuses: L'amour au-delà de la norme à la Renaissance*, ed. É. Boillet and C. Lastraioli, Paris, Honoré Champion Éditeur, 27–39.

Plato (1961a) *Phaedrus*, tr. R. Hackforth, *The Collected Dialogues of Plato.* ed. E. Hamilton and H. Cairns, Princeton, Bollingen Series LXXI, 1961, 475–525.

Plato (1961b) *Symposium*, tr. Michael Joyce, in *The Collected Dialogues of Plato*, ed. E. Hamilton and H. Cairns, Princeton, Bollingen Series LXXI, 1961, 526–574.

Quevedo, Francisco de (1995) 'Soneto Amoroso Difiniendo El Amor', in *Poesia Completa 1*, Madrid, Biblioteca Castro, Turner Libros, 1995.

Reid, J. D. (1993) 'Eros and Anteros', in *The Oxford Guide to Classical Mythology in the Arts, 1300–1900s*, Oxford, Oxford University Press, 417–418.

Rimbaud, A. (1962) *Selected Verse*, Intro and prose tr. O. Bernard, Harmondsworth, Penguin Books.

Robb, G. (2000) *Rimbaud: A Biography*, London, Norton.

Romer, S. (1994) 'Memoirs of insanity: Gérard de Nerval's irrecoverable loves', *Times Literary Supplement*, 28 January, 3–4.

Ronsard, P. de (1584) *Les Odes; texte définitif publié pour la première fois par Charles Guérin*, Paris, Les Editions du Cèdre.

Rossetti, D. G. (1881) *Ballads and Sonnets*, London, Ellis.

Rousselle, A. (1988) *Porneia: On Desire and the Body in Antiquity*, London, Blackwell.

Sade, Marquis de (1795) 'Philosophy in the Bedroom', in *The Complete Justine, Philosophy in the Bedroom and Other Writings*, tr. R. Seaver and A. Wainhouse, New York, Grove Press, 1965, 177–367.

Sade, Marquis de (1966), 'Reflections on the Novel', in *The 120 Days of Sodom and Other Writings*, tr. R. Seaver and A. Wainhouse, New York, Grove Press.

Sauron, G. (1998) *La Grande Fresque de la Villa des Mystères à Pompéi*, Paris, Picard.

Scève, M. (1547) 'Saulsaye', in *Oeuvres Complètes, texte établi et annoté par Pascal Quignard*, Mercure de France, 1974, 379–405.

Schaverien, J. (2004) 'Boarding School: The Trauma of the "Privileged' Child", *Journal of Analytical Psychology*, 49(5), 683–705.

Seznec, J. (1953) *The Survival of the Pagan Gods: The Mythological Tradition and Its Place in Renaissance Humanism and Art*, tr. B. Sessions, Princeton, NJ, Princeton University Press, 1981.

Shore, B. (1996) *Culture in Mind: Cognition, Culture and the Problem of Meaning*, Oxford, Oxford University Press.

Singer, T. (2011) 'Leaping for Themis', in *Ancient Greece/Modern Psyche*, New Orleans, Spring Journal Books, 9–37.

Snell, B. (1953) *The Discovery of the Mind in Greek Philosophy and Literature*, trans. T. G. Rosenmeyer, Cambridge, MA: Harvard University Press.

Sprinchorn, E. (2008) *The Rose of Shakespeare's Sonnets: An Exercise in Literary Detection*, Poughkeepsie, NY, The Printer's Press.

St. Augustine (1972) *Concerning the City of God against the Pagans*, tr. H. Bettenson, London, Penguin Books, 1972.

Starac, A. ed. (2006) *Depictions in Relief on Roman Funerary Monuments at the Archaelogical Museum of Istria at Pula*, Monographs and Catalogues, Volume 16, Pula, Archaelogical Museum of Istria.

Stephenson, C. (2009) *Possession: Jung's Comparative Anatomy of the Psyche*, London, Routledge.

Stewart, A. (1997) *Art, Desire and the Body in Ancient Greece*, Cambridge, Cambridge University Press.

Tervarent, G. de (1965) 'Eros and Anteros or Reciprocal Love in Ancient and Renaissance Art', in *Journal of the Warburg and Courtauld Institutes*, XXVII, 205–208.

Themistius (1999) *Orations*, tr. R. Pennella, Berkeley, University of California Press.

Thomas, C. (1989) '1791, Summer: The Marquis de Sade, freed from Prison by the Revolution a year Before, Publishes his Novel *Justine* Anonymously; Pleasure, Perversion, Danger', in *A New History of French Literature*, ed. D. Hollier, Cambridge, MA, Harvard University Press, 579–584.

Thornton, B. (1997) *Eros: The Myth of Ancient Greek Sexuality*, New York, Westview Press.

Thurstan, H. J. (pseud. for Palgrave, F. T.) (1858) *The Passionate Pilgrim, or Eros and Anteros*, London, Chapman and Hall.

Tuby, M. (1992) 'Psychological Aspects of Eros', London, Guild of Pastoral Psychology, pamphlet.

Ulmer, W. (1990) *Shelleyan Eros: The Rhetoric of Romantic Love*, Princeton, NJ, Princeton University Press.

Vico, G. (1948) *The New Science of Giambattista Vico* (*Unabridged translation of the Third Edition, 1744*), trans. T. G. Bergin and M. H. Fisch, Ithaca, NY, Cornell University Press.

von Franz, M. L. (1977) *Individuation in Fairy Tales*, Dallas, Spring Books.

Walpole, H. (1931) *Above The Dark Circus*, Leipzig, Bernhard Tauchnitz Editions.

Warner, M. (1986) 'With Downcast Gaze: A Review of the Exhibition, *Alfred Gilbert: Sculptor of Eros*, Royal Academy', *Times Literary Supplement*, 18 April.

Webb, E. (2001) 'Eros and the Psychology of World Views', in *Kulturen des Eros*, ed. D. Clemens and T. Schadbert, Munich, Wilhelm Fink Verlag, 179–230.

Wilde, O. (1960) *De Profundis: Being the first complete and accurate version of 'Epistola: In Carcere et Vinculis', the last prose work in English*, New York, The Philosophical Library.

Winkler, J. J. (1990a) 'The Constraints of Desire: Erotic Magic Spells', in *The Constraints of Desire*, London, Routledge, 71–98.

Winkler, J. J. (1990b) 'Unnatural Acts: Erotic Protocols in Artemidoros', *Dream Analysis'*, in *The Constraints of Desire*, London, Routledge, 17–44.

Wohl, V. (2002) *Love Among the Ruins: The Erotics of Democracy in Classical Athens*, Princeton: Princeton University Press.

Woolf, V. (1931) *The Waves*, London, Hogarth Press.

心靈工坊 PsyGarden

探訪幽微的心靈，如同潛越曲折邊迤的河流
面對無法預期的彎道或風景，時而煙波浩渺，時而萬壑爭流
留下無數廓清、洗滌或抉擇的痕跡
只為尋獲真實自我的洞天福地

Psychotherapy

艾瑞克森
【天生的催眠大師】
作者－傑弗瑞‧薩德
譯者－陳厚愷　定價－280元

艾瑞克森是自然催眠法的先驅者，為催眠治療在學術領域中取得了合法地位。
他顛覆傳統的教學方法，奠定了艾瑞克森學派的基礎。
他面對身體殘障的積極態度，鼓舞病人欣賞生命的挫敗。
他善用軼事治療，與病魔奮戰的一生就是最具療效的故事。

跟大師學催眠
【米爾頓‧艾瑞克森治療實錄】
作者－傑弗瑞‧薩德
譯者－朱春林等　定價－450元

整合催眠與心理治療的艾瑞克森，以趣聞軼事作為教學手法與治療工具，並有效運用自然、正式催眠，讓學生或個案打破僵化的自我設限。艾瑞克森深具影響力，他對心理治療實務的貢獻，實等同於佛洛伊德在心理治療理論的貢獻。

朵拉
【歇斯底里案例分析的片斷】
作者－佛洛伊德
譯者－劉慧卿　定價－240元

少女「朵拉」這個案例在精神分析史上佔有重要地位。對歇斯底里、夢、雙性特質、轉移關係等主題，均做了重點探討，佛洛伊德企圖將畢生致力發展的理論，集中在這篇案例之中。透過此案例，他將理論植基於臨床素材，並交織於臨床經驗之中。

論女性
【女同性戀案例的心理成因及其他】
作者－佛洛伊德
譯者－劉慧卿、楊明敏　定價－180元

佛洛伊德為女同性戀提出理論說明，成為後續精神分析對女性心性發展闡釋的前導。本書結集佛洛伊德以女性為主題的文稿，期望帶領讀者進一步瞭解女性與精神分析的糾葛。

佛教與心理治療藝術
作者－河合隼雄
譯者－鄭福明、王求是　定價－220元

河合隼雄深刻地反思成為榮格心理分析師的歷程，及佛學如何提升了其心理分析實踐。作者也揭示了「牧牛圖」如何表達了自性化過程，充分展示一位東方人對人類心靈的獨特理解。

日本人的傳說與心靈
作者－河合隼雄
譯者－廣梅芳　定價－340元

「浦島太郎」、「鶴妻」等傳說不只富涵神祕與想像色彩，更蘊含了日本人獨特的自我形成過程。作者藉著比較日本和世界各國故事的異同，從心理學角度探討屬於日本的特有文化。

沙遊療法與表現療法
作者－山中康裕
譯者－邱敏麗、陳美瑛　定價－300元

本書淺入深地介紹沙遊療法的理論與技術，並比較此療法在東、西方的差異。藉由真實個案的討論及繪畫作品的展現，作者將從事沙遊及表現療法三十七年的實務經驗網羅於本書中。

兒童精神分析
作者－梅蘭妮‧克萊恩
譯者－林玉華　定價－450元

在本書中的第一部分，克萊恩以其臨床實務經驗，描述孩童的精神官能症、導因與對客體的施虐衝動所引發的焦慮與罪惡感。第二部分略述她奠基於佛氏之思路所延展出的理論架構。

支持性心理治療入門

作者－阿諾．溫斯頓、李察、羅森莎、亨利．品斯克
譯者－周立修、蔡東杰
審閱－周立修、蔡東杰　定價－240元

支持性心理治療是當今最廣泛使用的個別心
理治療模式。本書完整詳述此治療法的基本
架構，包括適應症、治療之分期、如何開始
及結束治療、專業的界限，也探討了移情、
反移情等治療關係議題。

嫉羨和感恩

作者－梅蘭妮．克萊恩
譯者－呂煦宗、劉慧卿　定價－550元

偏執－類分裂心理位置及憂鬱心理位置是克
萊恩所創的最重要概念，本書收集了她在此
創新概念下的著作。書中論文有些是關於分
析技術的，有些則探討較廣泛性的精神分析
主題。

長期精神動力取向心理治療
【基本入門】

作者－葛林．嘉寶
譯者－陳登義　定價－350元

本書介紹長期精神動力取向心理治療的基本
原理，聚焦在與成人進行的個別治療工作
上，涵蓋了基本精神動力原理、病人的評
估、開始到結束治療、處遇、目標及治療作
用、阻抗、反移情，以及幻想／夢等課題。

史瑞伯
【妄想症案例的精神分析】

作者－佛洛伊德
譯者－宋卓琦　審閱－宋卓琦　定價－180元

佛洛伊德超越史瑞伯的妄想內容表象，深入
心性發展的核心過程，為妄想症的形成機轉
提出極具創見的論述，並啟發日後的性別認
同、女性情結、生殖、生死及存在等議題之
研究。

鼠人
【強迫官能症案例之摘錄】

作者－佛洛伊德
譯者－林怡青、許欣偉　定價－260元

佛洛伊德透過本案例曲折精采的分析過程，
闡明了父子之間的愛恨糾葛如何在愛情、移
情和反移情當中盤錯交織，堪稱伊底帕斯情
結在二十世紀初再現的精妙範例。

狼人
【孩童期精神官能症案例的病史】

作者－佛洛伊德
譯者－陳嘉新　審閱、導讀－蔡榮裕　定價－220元

狼人的焦慮之夢，迂迴地解開了他精神官能
症的迷團，當中有錯綜複雜的閹割恐懼、性
別認同、性誘惑等議題。其幼時的原初場景
是微不足道的平凡事件，還是心性發展的關
鍵時分？

兒童分析的故事

作者－梅蘭妮．克萊恩
譯者－丘羽先　審閱－樊雪梅　定價－750元

本作品詳述一名十歲男孩長達四個月的分析
歷程，並精闢地詮釋其畫作、遊戲和夢境。
讀者可藉由本書觀察治療過程的逐日變化與
延續性，更是探究兒童精神分析技巧的必備
書籍。

小漢斯【畏懼症案例的分析】

作者－佛洛伊德　譯者－簡意玲
審閱、導讀－林玉華　定價－240元

小漢斯三歲半時開始出現把玩陰莖的行為，
接著逐漸演變出對動物的畏懼症。透過漢斯
的父親為中介，佛洛伊德開始為這名五歲男
童進行分析。此案例報告所蘊含的具體臨床
經驗，印證了佛洛伊德在《性學三論》中所
勾勒的許多結論。

藥物與心理治療

作者－蜜雪．瑞芭、李查．巴隆
譯者－周佑達　定價－260元

合併藥物與心理治療的治療模式，在許多方
面已證實比單純的藥物治療有更好的療效。
本書針對整合式治療與分離式治療當中不同
階段所需要的治療能力，以漸進而全面的方
式，介紹其原則。

動力取向精神醫學
【臨床應用與實務［第四版］】

作者－葛林．嘉寶
譯者－李宇宙等　審閱－張書森　定價－1,200元

本書說明何謂精神動力學、以及其對現代精
神醫學有何貢獻的基本架構，並將生物精神
醫學的發現，融入對人類心智的臨床理論當
中。精神分析師、心理師、諮商師及臨床人
員必讀經典著作。

文化精神醫學的贈物
【從台灣到日本】

作者－林憲　譯者－王珮瑩
審閱－劉絮愷　定價－260元

林憲教授是台灣文化精神醫學研究的先驅。他
將過去六十年來台大醫院精神部所進行的社會
文化精神醫學研究結果，進行簡明扼要的總整
理，同時據此許多台日文化比較的成果，點
出本書「泛文化精神醫學」的主題。

榮格學派的歷史

作者－湯瑪士．克許　譯者－古麗丹、何琴等
審閱、導讀－申荷永　定價－450元

本書為世人描繪了一株分析心理學家族樹，
以榮格為根，蘇黎世的國際分析心理學協會
為主幹，各國的榮格學會為大小分枝，各國
門生及傑出分析師、學者們，則化身成片片
綠葉高掛枝頭，在豐厚的歷史回憶中，不斷
添屬於它的生命力、創意、深度和廣度。

PsychoAlchemy 009

被遺忘的愛神：
神話、藝術、心理分析中的安特洛斯
Anteros: A Forgotten Myth

作者—奎格‧史蒂芬森（Craig E. Stephenson）
譯者—周嘉娸　審閱—孫雲平

出版者—心靈工坊文化事業股份有限公司
發行人—王浩威　總編輯—王桂花　執行編輯—黃福惠
通訊地址—10684 台北市大安區信義路四段 53 巷 8 號 2 樓
郵政劃撥—19546215　戶名—心靈工坊文化事業股份有限公司
電話—02）2702-9186　傳真—02）2702-9286
Email—service@psygarden.com.tw　網址—www.psygarden.com.tw
印刷—中茂分色製版印刷事業股份有限公司
總經銷—大和書報圖書股份有限公司
電話—02）8990-2588　傳真—02）2990-1658
通訊地址—248 台北縣五股工業區五工五路二號
初版一刷—2015 年 8 月　ISBN—978-986-357-031-8　定價—520 元

Anteros: A Forgatten Myth© Craig E. Stephenson 2011
Original English edition published by Routledge, Taylor & Francis
Chinese Edition Copyright © 2014 by PsyGarden Publishing Company
All Rights Reserved

國家圖書館出版品預行編目資料

被遺忘的愛神：神話、藝術、心理分析中的安特洛斯 / 奎格‧史蒂芬森
(Craig E. Stephenson)著；周嘉娸譯. -- 初版. -- 臺北市：心靈工坊文化, 2015.08
　　面；　公分
譯自：Anteros : A Forgotten Myth
ISBN 978-986-357-031-8(平裝)

1.精神分析學　2.希臘神話

175.7　　　　　　　　　　　　　　　　　　　　　　　　104008319

心靈工坊 PsyGarden 書香家族 讀友卡

感謝您購買心靈工坊的叢書，爲了加強對您的服務，請您詳填本卡，
直接投入郵筒（免貼郵票）或傳眞，我們會珍視您的意見，
並提供您最新的活動訊息，共同以書會友，追求身心靈的創意與成長。

書系編號—PA 009　　書名—被遺忘的愛神：神話、藝術、心理分析中的安特洛斯

姓名　　　　　　　　　　　　　是否已加入書香家族？ □是 □現在加入

電話 (O)　　　　　　　(H)　　　　　　　　手機

E-mail　　　　　　　生日　　年　　　月　　　日

地址 □□□

服務機構　　　　　　　職稱

您的性別—□1.女 □2.男 □3.其他

婚姻狀況—□1.未婚 □2.已婚 □3.離婚 □4.不婚 □5.同志 □6.喪偶 □7.分居

請問您如何得知這本書？
□1.書店 □2.報章雜誌 □3.廣播電視 □4.親友推介 □5.心靈工坊書訊
□6.廣告DM □7.心靈工坊網站 □8.其他網路媒體 □9.其他

您購買本書的方式？
□1.書店 □2.劃撥郵購 □3.團體訂購 □4.網路訂購 □5.其他

您對本書的意見？
□ 封面設計　1.須再改進 2.尚可 3.滿意 4.非常滿意
□ 版面編排　1.須再改進 2.尚可 3.滿意 4.非常滿意
□ 內容　　　1.須再改進 2.尚可 3.滿意 4.非常滿意
□ 文筆／翻譯 1.須再改進 2.尚可 3.滿意 4.非常滿意
□ 價格　　　1.須再改進 2.尚可 3.滿意 4.非常滿意

您對我們有何建議？

▲您的意見，我們將轉貼在心靈工坊網站上，www.psygarden.com.tw

台北市106 信義路四段53巷8號2樓
讀者服務組　收

（對折線）

加入心靈工坊書香家族會員
共享知識的盛宴，成長的喜悅

請寄回這張回函卡（免貼郵票），
您就成為心靈工坊的書香家族會員，您將可以——

⊙隨時收到新書出版和活動訊息

⊙獲得各項回饋和優惠方案